**Quick Guide**

**Reihe herausgegeben von**
Springer Fachmedien Wiesbaden
Wiesbaden, Deutschland

Quick Guides liefern schnell erschließbares, kompaktes und umsetzungsorientiertes Wissen. Leser erhalten mit den Quick Guides verlässliche Fachinformationen, um mitreden, fundiert entscheiden und direkt handeln zu können.

Carola Lichtenberg · Marcus Schladebach

# Quick Guide Recht im Influencer Marketing

Kompakte Einführung für Influencer, Unternehmen und Agenturen

Carola Lichtenberg  
München, Bayern, Deutschland

Marcus Schladebach  
Juristische Fakultät  
Universität Potsdam  
Potsdam, Brandenburg, Deutschland

ISSN 2662-9240 ISSN 2662-9259 (electronic)  
Quick Guide  
ISBN 978-3-658-38419-7 ISBN 978-3-658-38420-3 (eBook)  
https://doi.org/10.1007/978-3-658-38420-3

Die Deutsche Nationalbibliothek verzeichnet diese Publikation in der Deutschen Nationalbibliografie; detaillierte bibliografische Daten sind im Internet über http://dnb.d-nb.de abrufbar.

© Springer Fachmedien Wiesbaden GmbH, ein Teil von Springer Nature 2022  
Das Werk einschließlich aller seiner Teile ist urheberrechtlich geschützt. Jede Verwertung, die nicht ausdrücklich vom Urheberrechtsgesetz zugelassen ist, bedarf der vorherigen Zustimmung des Verlags. Das gilt insbesondere für Vervielfältigungen, Bearbeitungen, Übersetzungen, Mikroverfilmungen und die Einspeicherung und Verarbeitung in elektronischen Systemen.  
Die Wiedergabe von allgemein beschreibenden Bezeichnungen, Marken, Unternehmensnamen etc. in diesem Werk bedeutet nicht, dass diese frei durch jedermann benutzt werden dürfen. Die Berechtigung zur Benutzung unterliegt, auch ohne gesonderten Hinweis hierzu, den Regeln des Markenrechts. Die Rechte des jeweiligen Zeicheninhabers sind zu beachten.  
Der Verlag, die Autoren und die Herausgeber gehen davon aus, dass die Angaben und Informationen in diesem Werk zum Zeitpunkt der Veröffentlichung vollständig und korrekt sind. Weder der Verlag, noch die Autoren oder die Herausgeber übernehmen, ausdrücklich oder implizit, Gewähr für den Inhalt des Werkes, etwaige Fehler oder Äußerungen. Der Verlag bleibt im Hinblick auf geografische Zuordnungen und Gebietsbezeichnungen in veröffentlichten Karten und Institutionsadressen neutral.

Planung/Lektorat: Rolf-Guenther Hobbeling  
Springer Gabler ist ein Imprint der eingetragenen Gesellschaft Springer Fachmedien Wiesbaden GmbH und ist ein Teil von Springer Nature.  
Die Anschrift der Gesellschaft ist: Abraham-Lincoln-Str. 46, 65189 Wiesbaden, Germany

# Vorwort

Die Etablierung des Internets bis in unseren Alltag hinein und die technische Weiterentwicklung der mobilen Endgeräte hat unser Kommunikationsverhalten und den Umgang miteinander verändert. In den sozialen Netzwerken wird jeder zum Sender und Empfänger von Botschaften. Radio und Fernsehen haben als Leitmedium an Bedeutung verloren. Alles geht online und wir gehen mit. Die Wirtschaft hat darauf reagiert und sich neue Spielwiesen für den erfolgreichen Absatz ihrer Produkte gesucht. Seit ein paar Jahren ist Influencer Marketing eine feste Größe in der Werbewirtschaft. Bei dieser Art von Markenkommunikation schaffen mehr oder weniger bekannte Personen über ihre Social-Media-Kanäle für Aufmerksamkeit von Waren und Dienstleistungen. So mancher Influencer verdient mittlerweile seinen Lebensunterhalt damit und wird so selbst zum Unternehmer. Beim Influencer Marketing erreicht die Werbebotschaft den Verbraucher über Beiträge auf Instagram, Snapchat, Facebook und Co. Die kreativ gestalteten Fotos und Videos beeinflussen die Meinung der Influencer-Fans, zumindest über bestimmte Produkte. Das Internet wird so für die Meinungsbildung und als Werbeplattform benutzt und unterliegt damit rechtlichen Vorschriften.

Das vorliegende Buch möchte den Akteuren des Influencer Marketing einen verständlichen Überblick zu den relevanten Rechtsfragen verschaffen. Für die Umsetzung in die Praxis haben wir uns einen Fachanwalt an Bord geholt. Unser besonderer Dank gilt Herrn Wolf-Dietmar Schoepe, Rechtsanwalt für Urheber- und Medienrecht in der Kanzlei K&E Rechtsanwälte für Kultur und Entertainment in München. Die Autoren erklären die rechtlichen Hürden und wollen die Leser dabei unterstützen ihr Influencer-Marketing-Vorhaben zu überprüfen. Im Rahmen dieses Buches wollen wir eine erste, leicht verständliche Orientierung geben. Dies kann aber keine Rechtsberatung ersetzen, dafür sollten Sie sich an Fachanwälte wenden. Wir liefern einen kompakten Überblick der aktuellen Rechtslage, die Stand Sommer 2022 ist, ohne Anspruch auf Vollständigkeit.

Aus Gründen der Lesbarkeit verzichten wir auf die Verwendung der gendergerechten Sprache. Sämtliche Personenbezeichnungen gelten selbstverständlich für alle Geschlechter.

München und Berlin  
Sommer 2022

Carola Lichtenberg  
Marcus Schladebach

# Inhaltsverzeichnis

| | | |
|---|---|---|
| **1** | **Online = Offline** | 1 |
| 1.1 | Das Internet als Interaktionsraum – Chancen und Risiken | 4 |
| 1.2 | Fairer Wettbewerb | 9 |
| 1.3 | Achtung, Abmahnung! | 11 |
| | Literatur | 13 |
| **2** | **Influencer Marketing** | 15 |
| 2.1 | Was ist ein Influencer? | 16 |
| | 2.1.1 Personen | 18 |
| | 2.1.2 Andere Akteure: Die Agentur | 21 |
| 2.2 | Wirtschaftliche Chancen | 24 |
| 2.3 | Persönliche Herausforderungen | 26 |
| | Literatur | 28 |
| **3** | **Rechtliche Grundlagen** | 31 |
| 3.1 | Rundfunkrecht | 32 |
| | 3.1.1 Der Medienstaatsvertrag und seine Inhalte | 32 |
| | 3.1.2 Telemedien im Rundfunkrecht | 35 |

|  |  |  |  |
|---|---|---|---|
|  | 3.1.3 | Werberegelungen | 38 |
|  | 3.1.4 | Impressumspflicht | 43 |
| 3.2 | Telemedienrecht | | 44 |
|  | 3.2.1 | Das Telemediengesetz und seine Inhalte | 44 |
|  | 3.2.2 | Impressumspflicht | 45 |
| 3.3 | Wettbewerbsrecht | | 46 |
|  | 3.3.1 | Das Gesetz gegen den unlauteren Wettbewerb und seine Inhalte | 46 |
|  | 3.3.2 | Neues aus der Rechtsprechung | 47 |
|  | 3.3.3 | Änderung des Gesetzes gegen den unlauteren Wettbewerb | 48 |
| 3.4 | Jugendmedienschutzrecht | | 50 |
|  | 3.4.1 | Der Jugendmedienschutzstaatsvertrag und seine Inhalte | 50 |
|  | 3.4.2 | Jugendliche und Werbegefahr | 51 |
| 3.5 | Leitfaden der Landesmedienanstalten | | 52 |
|  | 3.5.1 | Bedeutung und Inhalte | 52 |
|  | 3.5.2 | Rechtliche Verbindlichkeit des Leitfadens? | 53 |
| **4** | **Was Influencer beachten müssen** | | **55** |
| 4.1 | Unter welchen Voraussetzungen ist es Werbung? | | 56 |
|  | 4.1.1 | Medienrechtliche Definition | 57 |
|  | 4.1.2 | Wettbewerbsrechtliche Definition | 57 |
|  | 4.1.3 | Wann es keine „echte" Werbung ist | 59 |
| 4.2 | Fallbeispiele und praktische Tipps | | 60 |
|  | 4.2.1 | Flying Uwe – Beispiel für Schleichwerbung eines Influencers | 60 |
|  | 4.2.2 | Drogeriemarktkette Rossmann – Beispiel für Schleichwerbung eines Unternehmens | 63 |
|  | 4.2.3 | Pamela Reif – Tap Tags sind Werbung oder doch nicht? | 66 |
| 4.3 | Geld- oder Sachleistung? Kennzeichnungspflicht beachten! | | 68 |
|  | 4.3.1 | Eigenwerbung und Eigenkauf | 69 |
|  | 4.3.2 | Influencer bekommt Produkt zugesendet | 71 |

|  |  |  |  |
|---|---|---|---|
|  | 4.3.3 | Influencer bekommt Gegenleistung | 73 |
|  | 4.3.4 | Influencer testet ein Produkt | 73 |
| 4.4 | Tipps zur Kennzeichnung |  | 74 |
| 4.5 | Folgen nicht gekennzeichneter Werbung |  | 79 |
| 4.6 | Sonstige Vorschriften |  | 82 |
|  | 4.6.1 | Affiliate Links | 82 |
|  | 4.6.2 | Urheberrechte bei Fotos, Videos und Musik beachten | 84 |
|  | 4.6.3 | Impressumspflicht | 87 |
|  | 4.6.4 | Datenschutz-Grundverordnung | 88 |
|  | 4.6.5 | Social Bots | 89 |

**5 Was Unternehmen wissen müssen** — 91
- 5.1 Die Suche nach einem passenden Influencer — 92
- 5.2 Der Vertrag mit einem Influencer — 93
  - 5.2.1 Elemente der Vertragsgestaltung — 94
  - 5.2.2 Sonstige Fallstricke in den Vertragsbeziehungen — 99

# Über die Autoren

**Carola Lichtenberg** LL.M. studierte an der Hochschule für Fernsehen und Film, München und ist seit 25 Jahren in der Medienbranche tätig. Als Filmproduzentin und Fernsehjournalistin kennt sie alle Bereiche der Herstellung, von der kreativen Stoffentwicklung bis zur wirtschaftlichen Auswertung. Sie hat einen Masterabschluss in Medienrecht und ist Hochschuldozentin.

**Prof. Dr. Marcus Schladebach** LL.M. ist Professor für Öffentliches Recht, Medienrecht und Luft- und Weltraumrecht an der Universität Potsdam und Leiter des dualen Medienstudiengangs „Digital Media Law and Management, LL.M./MBA" am Erich Pommer Institut in Potsdam-Babelsberg.

# 1

# Online = Offline

> **Was Sie aus dem Kapitel mitnehmen**
>
> - Warum das Internet kein rechtsfreier Raum ist
> - Warum sie sensibel mit Daten umgehen müssen
> - Worin die Chancen im Internet für Unternehmen und Influencer liegen
> - Warum diese Chancen auch Verpflichtung für Unternehmen und Influencer bedeuten
> - Eine Abmahnung kann jeden treffen – Die Abmahnwelle rollt

Das Internet gibt uns Orientierung bei Kaufentscheidungen, Filme werden aus der Cloud gestreamt und mit einem Facebook-Like finden wir neue Freunde. Unsere Mobiltelefone sind mehr Filmkamera als Telefon und Millionen Menschen zeigen ihr Leben auf Social-Media-Kanälen wie ein offenes Tagebuch. Niemand muss heutzutage reich und mächtig sein, um berühmt zu werden. Das Internet hat mittlerweile eigene Formen von Medienerzeugnissen und deren Ästhetik entwickelt. Nehmen wir nur die YouTube-Kanäle, die für manche Nutzer wie Fernsehsender fungieren oder auf Instagram werden aufwendig gestaltete Reisereportagen veröffentlicht, die hoch professionell wirken. Das Motto lautet: In die Öffentlichkeit gehen und sich präsentieren.

Das Internet ist zu einer Plattform für die Darbietung von Audio-, Video- und Textangeboten für jedermann geworden, mit einer sehr niedrigen Einstiegsschwelle. Charakteristisch für das World Wide Web ist vor allem die Vernetzung von Usern und der rege Austausch von und mit medialen Inhalten. Der Trend geht mehr und mehr zur Individualisierung – jeder ist ein Sender und jeder ist ein Empfänger. Das ständige Online-sein ist zu einer Gewohnheit, ja geradezu einer Sucht nach Verbindung zur Außenwelt geworden.

Die Angebote von privaten Unternehmen wie Amazon, Google oder Facebook betrachten wir als Gewinn an Freiheit, wohlwissend, dass wir für Werbezwecke oder Verkaufsabsichten „benutzt" werden. Einerseits fühlen wir uns geschmeichelt, wenn das Internet uns „versteht" und freuen uns, wenn beim Surfen Schnäppchen-Angebote von Waren aufblinken, nach denen wir im Netz zuletzt gesucht haben. Wir vergessen dabei oft, dass eine Vielzahl von Unternehmen über unseren Konsum hinaus Geld verdienen, indem wir als Datenlieferant fungieren. Gleichzeitig empören wir uns über den Daten-Missbrauch bei Facebook und hatten eine zwiespältige Meinung zur Einführung der Datenschutz-Grundverordnung am 25. Mai 2018. Die Internetwirtschaft verneint daher dieses vermeintliche Schutzbedürfnis für die Privatsphäre im Internet und hat sich zum Ziel gesetzt, möglichst viel zielgerichtete Werbung zu platzieren. Gerade Social-Media-Kanäle werden für die direkte Kommunikation zwischen Unternehmen und Konsumenten immer beliebter, mehr als ein Drittel der Nutzer sucht in sozialen Medien nach Produkten und Dienstleistungen. Laut einer Bitkom-Studie setzten bereits 2012 rund 90 % aller deutschen Unternehmen Social-Media für ihre Vertriebs- und Marketingaktivitäten ein[1], Tendenz steigend. Der Erfolg gibt der Wirtschaft also recht, denn die meisten Nutzer gehen sorglos mit ihren Daten um und „verlangen" geradezu, dass der Rest der Welt dies auch so gewährt. Damit bietet uns die

---

[1] Social Media in deutschen Unternehmen, Studie des Bundesverband Informationswirtschaft, Telekommunikation und neue Medien e. V. (BITKOM), abrufbar online unter: https://www.bitkom.org/sites/default/files/file/import/Social-Media-in-deutschen-Unternehmen4.pdf. Zugegriffen: 21. Juni 2022.

Digitalisierung zwar eine große Chance, ist aber gleichzeitig eine große Herausforderung für uns alle.

Mit steigender wirtschaftlicher Bedeutung der sozialen Netzwerke steigt auch die rechtliche Relevanz. Doch wie soll der Gesetzgeber auf diese gesellschaftlichen Strömungen reagieren? Entweder er bändigt die Entwicklungen und bremst sie damit auch aus oder der Staat lässt es „laufen" und reagiert erst dann, wenn er merkt, die Menschen kommen nicht klar. Das Internet wird intensiv als Werbeplattform genutzt, allerdings agiert kaum ein Unternehmen auf Grundlage der aktuellen rechtlichen Vorschriften. Und auch die User meinen, das Internet sei ein rechtsfreier Raum. Unsere Smartphones sind eben nicht nur Kaufbegleiter, sondern auch Unterhaltungsmedium und Kommunikation zur Außenwelt und unterliegen damit gewissen medienrechtlichen Bestimmungen. Wenn wir Videos aus dem Internet in unsere YouTube-Story einpflegen, so berühren wir mitunter das Urheberrecht. Wenn wir die Urlaubsfotos der besten Freundin für unseren Instagram-Post verwenden, dann verletzen wir eventuell Persönlichkeitsrechte. Diese ganz alltägliche soziale Interaktion via Social Media kann uns schon rechtlich zur Verantwortung ziehen.

Als in den 70er Jahren das Tempolimit auf Deutschlands Autobahnen diskutiert wurde, gab es den Slogan „Freie Fahrt für freie Bürger". Heute könnte das Motto lauten „Freies Internet für freie Bürger". Passend zu unserem heutigen Anspruch auf Freiheit im Netz: Keine Regeln, keine Gesetze, alles kostenlos und jederzeit verfügbar. Doch trotz fehlendem Tempolimit auf der Autobahn müssen wir uns seit jeher an die Straßenverkehrsordnung halten. Und das wird auch hinlänglich akzeptiert. Gleiches sollte für das Internet gelten, denn es gibt sehr wohl Gesetze, die das Miteinander regeln.

Im Prinzip bleibt es dem Gesetzgeber zwar überlassen, ob er im Vorhinein regelt oder sich zu einem späteren Zeitpunkt einmischt. In Deutschland ist die Judikative mittlerweile dazu übergegangen einzugreifen und damit entwickelt sich das Social-Media-Recht mehr und mehr zu einer eigenen Rechtsmaterie. Das Internet ist kein rechtsfreier Raum, sondern es gilt: Online ist gleich Offline. Im Grundsatz gelten also im Internet die Regeln, die auch außerhalb des World Wide Web gelten. Trotzdem wissen die wenigsten Internetnutzer mit welchen rechtlichen Gefahren sie im Netz überhaupt konfrontiert sind. Viele Rechtsverstöße werden noch nicht einmal vorsätzlich begangen. Der Grund ist neben mangelnder Kenntnis auch die gängige Meinung: Im Internet ist alles erlaubt. Diese Sorglosigkeitskultur ist auch für diejenigen fatal, die hinter den medialen Angeboten stehen. Geistige Leistungen sind nicht umsonst zu haben, sonst sind sie umsonst. Deshalb wollen die Autoren dieses Buches für alle Nicht-Juristen einen verständlichen Überblick schaffen und die relevanten Rechtsfragen klären.

## 1.1 Das Internet als Interaktionsraum – Chancen und Risiken

Die digitale Transformation ist ein Megatrend und hat alle gesellschaftlichen Bereiche erfasst. Wir steuern unseren Kühlschrank via Smarthome, treffen unsere Kollegen in virtuellen Räumen zum Meeting oder folgen dem Navi in unserem Auto zum Restaurant. Längst ist dieses Verhalten nicht mehr nur den „Jüngeren" vorbehalten. Laut Statista nutzen mehr als 25 % der über 60jährigen in Deutschland das Internet mehrmals täglich[2]. Und im Jahr 2021 bildeten die Personen von 50 bis 59 Jahren mit knapp 13 Mio. die Altersgruppe mit den meisten Internetnutzern[3].

Gleichzeitig verlieren in Deutschland die konventionellen Medien wie Fernsehen, Hörfunk und Print immer mehr an Bedeutung und Einfluss. Wer sich schnell, aktuell und umfassend informieren möchte, der „geht ins Internet". Darauf hat natürlich der Konsummarkt reagiert und die Werbewirtschaft angepasst. Und damit hat sich auch das Marketing massiv verändert. Außer E-Mails an Stammkunden zu

---

[2] Statista (2021). Umfrage zur Nutzung des Internets bei Personen ab 60 Jahren in Deutschland im Jahr 2021. https://de.statista.com/statistik/daten/studie/1100772/umfrage/internetnutzung-von-senioren/. Zugegriffen: 21. Juni 2022.

[3] Statista (2021). Anzahl der Internetnutzer nach Altersgruppen in Deutschland in den Jahren 2003 bis 2021. (https://de.statista.com/statistik/daten/studie/36151/umfrage/anzahl-der-internetnutzer-in-deutschland-nach-altersgruppen-seit-1997/. Zugegriffen: 21. Juni 2022.

verschicken oder passiv auf Webseiten seine Produkte zu präsentieren sind die Unternehmen dazu übergegangen sich in den letzten Jahren verstärkt auf Online-Marketing zu konzentrieren. Dabei beschreitet die Werbewirtschaft immer kreativere Wege, was nicht zuletzt am Generationenwechsel in den Marketing-Abteilungen liegt. Es werden neue Kanäle und Optionen wie Messenger-Marketing oder Podcast-Marketing bedient und auch die etablierte Art des Empfehlungsmarketings (Affiliate) muss raffinierter werden, um User zum Klicken auf einen Link für die Weiterleitung aufs Verkaufsportal zu animieren.

Die Corona-Krise in den Jahren 2020 und 2021 hat laut Branchenverband Bitkom dazu geführt, dass die Digitalisierung in der deutschen Wirtschaft stark an Bedeutung gewonnen hat.[4] Die vorübergehenden Engpässe im Supermarkt zu Beginn der Pandemie und die Maßgabe mehr zu Hause zu bleiben hat beigetragen, dass viele Deutsche anders einkaufen als sonst und dies auch teilweise beibehalten werden. Laut statistischem Bundesamt ist der Online-Handel trotz wieder geöffneter Geschäfte um rund 10 % gestiegen[5] Der stationäre Handel musste sich während der Corona-Krise umstellen, war aber mitunter erfolgreich. Selbst Bücher aus der kleinen Buchhandlung um die Ecke hatten gewiefte Händler als „Click and Collect" bereitgestellt. So konnten sie nicht nur ihre Stammkunden befriedigen, sondern haben neue dazu gewonnen. Diese Krise hat einmal mehr gezeigt wie hart umkämpft der potentielle Kunde ist, aber gleichzeitig welch große Chancen sich für die Werbewirtschaft und ihre Akteure bieten. Es reicht eben nicht mehr nur eine Webseite zu haben, besser ist es seine Waren und Dienstleistungen auch im passenden Online-Shop leicht bestellbar anzubieten.

Klassische Werbung in Printmedien oder im Fernsehen ist nicht nur teuer, sondern gemessen an der Erreichbarkeit des kauffreudigen Kunden zu unrentabel. Die Abhängigkeit von diesen Medien, deren

---

[4] Bitkom (2021). Digitalisierungsschub in der Wirtschaft wird Pandemie überdauern. https://www.bitkom.org/Presse/Presseinformation/Digitalisierungsschub-in-Wirtschaft-wird-Pandemie-ueberdauern. Zugegriffen: 21. Juni 2022.

[5] Destatis (2021). Pressemitteilung Nr. N 067 vom 24. November 2021. https://www.destatis.de/DE/Presse/Pressemitteilungen/2021/11/PD21_N067_45.html. Zugegriffen: 21. Juni 2022.

Formate oder hohen Mediakosten zwingen Unternehmen ständig neues Geld fließen zu lassen, damit beispielsweise im schnelllebigen Modemarkt der Will-Haben-Effekt erzeugt werden kann. Anders im Online-Marketing: Selbst für kleine Händler ist es lukrativ sich mit wenig Geld und Aufwand eine „gute" E-Mail-Liste aufzubauen, um die modebewusste Kundin über die neuen Trends zu informieren und online oder offline in den Laden zu locken.

Für eine große Reichweite und zielgerichtete Werbung ist das Internet als Plattform unschlagbar und hat Online-Marketing etabliert. Laut einer Umfrage haben sich die Umsätze mit Online-Werbung in den Jahren 2015 bis 2020 fast verdoppelt.[6] Das zeigt sich auch in der Wahrnehmung, denn knapp 30 % nehmen Werbung in der Tageszeitung wahr, hingegeben knapp 45 % der Befragten auf der Videoplattform YouTube[7]. Dabei spielt Marketing auf Social-Media-Kanälen ohnehin die größte Rolle: Ob Content Marketing großer Marken, wo beispielsweise hochwertig produzierter Inhalte auf Instagram die Kunden dauerhaft und auf lange Sicht binden soll oder das Affiliate Marketing, das wie klassisches Empfehlungsmarketing, in Form einer Versendung von Links auf die Anbieter-Webseite funktioniert.

Der größte Digital-Marketing-Trend mit steigender Tendenz ist aber das Influencer Marketing, bei dem Unternehmen Personen mit Ansehen und Reichweite im Internet in ihre Markenkommunikation einbinden. Das basiert auf einem starken Vertrauensverhältnis und einer großen Nähe zwischen den digitalen Meinungsführern, also den Influencern, und ihren Fans. Alternativ wird der Influencer auch proaktiv und kann bei einer starken Fan-Community im Netz auch auf Unternehmen zugehen und sich anbieten. Und die Entwicklung geht noch weiter: Die größte Social-Media und Customer-Experience Plattform Falcon.io hat im Dezember 2021 die Posts und Reaktionen ihren Follower von

---

[6] Statista (2021). Umsätze mit Onlinewerbung in Deutschland in den Jahren 2015 bis 2020 und Prognose bis 2025. https://de.statista.com/statistik/daten/studie/165473/umfrage/umsatzentwicklung-von-onlinewerbung-seit-2005/. Zugegriffen: 21. Juni 2022.

[7] Statista (2021). YouTube ist für Werbung relevanter als Print. https://de.statista.com/infografik/22854/umfrage-zur-wahrnehmung-von-werbung/. Zugegriffen: 21. Juni 2022falo.

100.000 Marken analysiert.[8] Neuester Trend ist Influencer Commerce, bei dem die Influencer von ihnen beworbene Waren direkt auf dem eigenen Social-Media-Kanal verkaufen oder gar eigens kreierte Produkte unter dem Dach der Markenunternehmen vertreiben. Die klassischen und gewinnbringendsten Lifestyle-Themen sind „Beauty", „Fashion" und „Food" für Influencer und das über alle Kanäle hinweg. In diesen Branchen kann das meiste Geld verdient werden. Dicht gefolgt von den Segmenten „Familie" und „Reise", weil sich hier der größte aller Vorteile im Influencer Marketing bezahlt macht, nämlich der direkte und persönlich anmutende Austausch mit der Zielgruppe. Interessant dabei ist, dass für die Werbewirtschaft sogar eine Abgrenzung zu prominenten Persönlichkeiten durchaus von Bedeutung sein kann. Obwohl herkömmliche Stars, die ihre Bekanntheit etwa über Musik, TV, Film oder Sport aufgebaut haben, in Folge dessen oft hohe Social-Media Reichweiten pflegen. Aber nur wenige verstehen es, diese Reichweiten in den sozialen Medien auch zu nutzen, also gute Inhalte zu erstellen und so für Influencer Marketing relevanter Partner zu sein. Die unter anderem auf Instagram erfolgreichen Influencer-Zwillinge Lisa und Lena haben Stand August 2021 mehr als 16 Mio. Follower auf der Social-Media-Plattform. Im Vergleich dazu hat die Model-Ikone Heidi Klum „nur" neun Millionen Follower. Das Erfolgsgeheimnis ist vor allem ihr Alter, denn ihre Fan-Community besteht zumeist aus jungen Mädchen mit den gleichen Interessen und die 20jährigen Zwillinge dienen damit sicher mehr als Vorbild, als eine Model-Ikone, die ihre Mutter sein könnte. Das Alter, die Gleichheit sozusagen, ist mitunter auch eine der größten Chance für aufstrebende Influencer.

Laut statista hat das Volumen von Influencer Marketing in Deutschland im Jahr 2020 fast die Milliardenmarke geknackt[9], und das obwohl

---

[8] Report 2022 Digital Marketing Trends. https://www.brandwatch.com/reports/2022-digital-marketing-trends/view/#from-falcon?utm_source=campaign&utm_medium=email&utm_campaign=2022-digital-marketing-trends&utm_content=omr_article. Zugegriffen: 21. Juni 2022.

[9] Statista (2018). Prognose zum Marktvolumen für Influencer Marketing in der DACH-Region für die Jahre 2017 und 2020. https://de.statista.com/statistik/daten/studie/818786/umfrage/marktvolumen-fuer-influencer-marketing-in-der-dach-region/. Zugegriffen: 21. Juni 2022.

diese Art des Werbens noch sehr jung und der Markt mitnichten professionalisiert ist. Das ruft auch Vermittler-Agenturen auf den Plan, die Influencer mit Unternehmen zusammenbringen und um vermeintlich großen Werbeetats buhlen. Die sorgfältige Auswahl des richtigen Influencer basiert auf Vertrauen, dass sie deren Community richtig ansprechen, um die Markenbotschaft zu kommunizieren. Der Einstieg ins Influencer Marketing ist mit Risiken behaftet und Unternehmen müssen teils viel Lehrgeld bezahlen bis sie ihre richtige Zielgruppe im Internet finden und die Gewohnheiten ihrer gewünschten Käufer kennen. Die Auswahl geeigneter Influencer und das genaue Hinsehen werden also zunehmend wichtiger, sonst verpufft ein Teil der angestrebten Wirkung.

Für unerfahrene Influencer besteht die Gefahr als Name „verbrannt" zu werden, wenn die Fan-Gemeinde sich wegen nicht authentischer Werbe-Posts abwendet und der Vertrag mit dem Unternehmen womöglich noch eine lange Restlaufzeit hat. Oft fehlt den Unternehmen ein eigenes Social-Media-Marketing-Konzept, um den Influencer anzuleiten oder klar formulierte Zielvorgaben auszugeben. Oder es gibt keine Spezialisten in deren Werbeabteilungen, die sich mit Online-Marketing auskennen. Daher kann es sich für Influencer empfehlen, nicht nur eine eigene Fan-Community zu erschaffen, sondern dann auch proaktiv auf Unternehmen zuzugehen. Die Konkurrenz unter Influencern ist mittlerweile groß und die Professionalisierung auch. Fake-Konten und Follower-Bots, die automatisierte Reichweite aufbauen sind vielen Instagrammern und Unternehmen ein Dorn im Auge. Aber klar, wo so viel Geld im Spiel ist, wird es auch immer Betrüger geben, die die Zahlen künstlich nach oben treiben.

Auf Seiten der Influencer und deren Auftraggeber besteht auch immer das Risiko gegen geltendes Recht zu verstoßen. Wenn entsprechende vertraglich oder wirtschaftlich motivierte Produktempfehlungen oder -bilder nicht eindeutig als Werbebotschaften identifiziert werden können, so werden die Fans der Influencer und damit die Verbraucher in die Irre geführt, womit die Posts gegen den Grundsatz der Werbewahrheit verstoßen. Diese Praktiken sind im Übrigen nicht nur in der Europäischen Union, sondern auch in den USA verboten. Für viele Influencer und auch Marktteilnehmer scheint das aber nicht so wichtig zu sein. Denn wer weiß schon welche Konsequenzen überhaupt drohen, wenn der Inhalt nicht erkennbar von der Werbung getrennt, also nicht hinreichend gekennzeichnet wird. Und dabei ist dieses Vorgehen kein Kavaliersdelikt. Wer nicht kennzeichnet, muss nicht nur mit einem medienrechtlichen Bußgeldverfahren rechnen, sondern auch mitunter von einem Wettbewerber auf Unterlassung verklagt werden. In jedem Fall kosten solche Verfahren den Influencer zum Teil sehr viel Geld und rechnen sich nicht.

Andererseits möchte kein Verbraucher in die Irre geführt werden und junge Internetnutzer sollten nicht einer „unregulierten Meinungsbildung" ausgesetzt sein. Wir haben zwar in Deutschland die Meinungsfreiheit, die sogar als Grundrecht in unserer Verfassung verankert ist, wie aber unsere Meinung durch die Medien Fernsehen oder Internet beeinflusst werden darf, das regeln wir mit dem Medienstaatsvertrag.

Fazit: Weil das Recht der Technik oft hinterherläuft, fehlt es noch immer an ausreichend gesetzlichen Grundlagen. Hier muss sich der Gesetzgeber zunehmend etwas einfallen lassen.

## 1.2 Fairer Wettbewerb

Das bislang recht statische Nebeneinander von klassischem Rundfunk, also Hörfunk und Fernsehen sowie Print-Presse hat sich aufgelöst. Unterschiedliche Medienangebote treffen nicht nur aufeinander, sondern werden zum Teil gleichzeitig konsumiert. Schauen wir auf die Sozialen Netzwerke so ist charakteristisch die Vernetzung der User und der Austausch von medialen Inhalten. Durch die Veränderung dieser Mediennutzung haben sich auch unsere Gewohnheiten und unsere Lebenseinstellungen verändert. Unsere heutige Realität heißt „Erleben statt Eigentum – rent, stream, experience". Die sogenannte „Share Economy" hat ihr Credo gefunden: „Wenn Du teilst, dann hast Du doppelt so viel". Systematisches Ausleihen von Gegenständen und gegenseitiges Bereitstellen von Räumen und Flächen, und das vor allem von Privatpersonen. Sie teilen ihre Bild- und Textbeiträge auf Instagram, verwenden regelmäßig Carsharing oder stellen ihre Wohnung Airbnb-Reisenden zur Verfügung und investieren ihr Geld in

Crowdfunding-Projekte. Ermöglicht wird das durch die Verschmelzung von Medien, Technologien und zwei Wellen des digitalen Fortschritts. Zum einen die sogenannten FANGs, also Facebook, Amazon, Netflix und Google und zum anderen sind aufgrund der Verbreitung über das Internet die Eintrittskosten zur Darbietung unterschiedlichster Audio-, Video- und Textangebote praktisch gleich Null. Somit hat sich die Anzahl der Kommunikatoren auch deutlich erhöht. Ein bewusster aber erlebnis- und spaß-orientierter Lebensstil, der auch den sorglosen Umgang mit den Neuen Medien widerspiegelt. Und diese Sorglosigkeitskultur erwartet auch, das geistige Leistungen unentgeltlich im Internet zur Verfügung stehen, denn wir teilen schließlich alles.

Dass hinter jedem medialen Inhalt auch eine Leistung steckt, die es wert ist vergütet zu werden, wird beim Konsum von Medien größtenteils übergangen. Dass es hier im Bereich der Digitalisierung Handlungsbedarf von Seiten des Gesetzgebers gibt, ist unbenommen. Sogar die UN-Generalversammlung hat am 17. Dezember 2018 eine Resolution zum „Recht auf Privatheit im digitalen Zeitalter" angenommen.[10] Über dieses Dilemma sollten wir uns einen Moment Gedanken machen, um im weiteren Verlauf der Lektüre dieses Buches „jede Seite" verstehen zu können.

Diese zuvor beschriebene Art des Konsums machen sich diejenigen zunutze, die Geld damit verdienen wollen. Darum hat sich die Wirtschaft angepasst und verlagert seine Marketingaktivitäten vor allem ins Internet. Unternehmen setzen dafür gezielt reichweitenstarke Meinungsmacher ein und die Influencer werden für Werbe-Postings auf ihren Kanälen und passenden Instagram-Stories bezahlt. Schwierig wird es nur, wenn die Grenze zwischen dem Inhalt eines Fotos oder Videos und der Werbung für das Produkt nicht klar eingehalten wird. Der Gesetzgeber will grundsätzlich den Verbraucher vor Einflussnahme schützen und genau genommen ist es eine richtige Idee, das sowohl die Influencer vor Restriktionen als auch die Nutzer geschützt werden. Daher lautet der wichtigste Grundsatz beim Influencer Marketing:

---

[10] Resolution der UN-Generalversammlung, verabschiedet am 17. Dezember 2018 (A/RES/73/179). https://www.un.org/Depts/german/gv-73/band1/ar73179.pdf. Zugegriffen: 21. Juni 2022.

es geht um die Trennung der Werbung vom restlichen Inhalt und die Kennzeichnung desselbigen. Denn für einen durchschnittlichen Social-Media-Nutzer entsteht häufig der Eindruck, dass der Influencer tatsächlich nur seine eigenen Erfahrungen und damit seine Meinung über ein Produkt äußert, das ihm gut gefällt oder nur aus Interesse oder einer Stimmung heraus ein Foto postet. Bislang fehlt jedoch ein finaler Rechtsrahmen, der Sicherheit für alle Akteure schafft.

## 1.3 Achtung, Abmahnung!

Für Influencer ist das Internet ein Eldorado an Möglichkeiten seine Klick-Zahlen zu erhöhen und die Bekanntheit auszubauen. Der morgendliche Gruß aus dem Badezimmer in einer Instagram-Story wie schnell sich Frau ein Make-up zaubern kann, birgt schon die erste Gefahr, sich strafbar zu machen. Wenn sie Produkte in die Kamera hält und sich extrem werblich über diese äußert, obwohl sie mit deren Marke keinen Vertrag hat, ist das nicht ohne Weiteres erlaubt. Wer denkt, bei den Millionen von Fotos die jeden Tag gepostet werden, spielt das keine Rolle, der irrt. Leider hat sich inzwischen eine regelrechte Abmahnindustrie in Deutschland entwickelt und einige Rechtsanwaltskanzleien haben sich darauf spezialisiert, Akteure im Internet zu finden, die sich nicht an die Regeln halten. Die Willkür, mit der manche Rechtsanwälte abmahnen zeigt vor allem, dass die Internetwirtschaft umso mehr einen verbindlichen Leitfaden braucht. Als Unternehmer, also Inhaber von Markenrechten, wird empfohlen, sich vor Einschaltung eines Rechtsanwaltes folgende Fragen zu stellen:

> **Tipps an die Unternehmer bzw. den Rechteinhaber**
>
> - Wer hat die Rechtsverletzung begangen? Zur Durchsetzung bei Gericht im Zivilverfahren brauchen Sie eine ladungsfähige Anschrift
> - Worin besteht die Rechtsverletzung genau? Das müssen Sie genau darlegen und beweisen können
> - Welche Ansprüche möchten Sie geltend machen? Achtung, ab einem Streitwert von € 5000 ist das Landgericht zuständig und es herrscht Anwaltszwang!

Eine Abmahnung von seinem Arbeitgeber oder Vermieter zu bekommen ist die Voraussetzung für eine Kündigung. Hingegen hat eine Abmahnung bei Verstößen im Urheber-, Datenschutz-, Marken- oder Wettbewerbsrecht die Funktion, Streitigkeiten auf direktem Weg und ohne Einschaltung eines Gerichts beizulegen. Wenn ein Influencer betroffen ist, dann sollte es in seinem Interesse sein, eine Abmahnung nicht einfach „liegen" zu lassen und zu hoffen, das erledigt sich von selbst.

---

**Tipps an die Influencer**

- Wenn Sie eine Mahnung per Post erhalten, dann sollten Sie sofort reagieren! Sonst kann es teuer und unangenehm werden!
- Als erstes sollten Sie den Rechtsverstoß beenden, also das betreffende Video zum Beispiel aus dem Netz nehmen.
- Wenn Ihnen eine Frist gesetzt wurde, dann bitte nicht verstreichen lassen!
- Wenn ein Gerichtsverfahren droht, dann sollten Sie unbedingt einen Fachanwalt einschalten! Denn anders als beim Amtsgericht haben Sie beim Landgericht ohnehin Anwaltszwang.

---

Eine Abmahnung dient zunächst der außergerichtlichen Streitbeilegung. Meist ist dieser Weg mit der Forderung verbunden, eine Unterlassungserklärung abzugeben. Kommt man dieser Forderung nicht nach und gibt keine oder nur eine unzureichende Erklärung ab, kann der Rechteinhaber oder das betreffende Unternehmen bei Gericht eine einstweilige Verfügung beantragen. Dadurch wird ein gerichtliches Eilverfahren angestoßen, das dem Rechteinhaber so etwas wie einen Rechtsschutz gewährt. Dieser ganze Weg ist natürlich mit Kosten, Zeit und Aufwand verbunden.

Leider gibt es eine große Ignoranz bei den Akteuren im Influencer Marketing. Man sollte nicht darauf vertrauen, dass die Handlungen im Netz keine rechtlichen Folgen haben. Und sich darauf zu berufen, dass in einem rechtlichen Graubereich agiert wurde, weil die medienrechtlichen Anforderungen gänzlich unklar seien, gilt heutzutage sicher nicht mehr. Richtig ist zwar, dass noch nicht alle Fragen abschließend höchstrichterlich beantwortet wurden, aber das entspricht für eine Vielzahl anderer Rechtsfragen im Digitalbereich auch.

In Zukunft dürfte es vermehrt zu Abmahnungen kommen. Wird die zuständige Aufsichtsstelle auf einen Verstoß gegen die Kennzeichnungsvorschriften, zum Beispiel durch eine Beschwerde, aufmerksam, wird sie in der Regel den Verursacher auf den Verstoß schriftlich hinweisen und diesen zur Stellungnahme und Beseitigung des Verstoßes auffordern. Kommt der Influencer, die Agentur oder das Unternehmen dem nicht nach, trifft die zuständige Aufsichtsbehörde die zur Beseitigung des Verstoßes erforderlichen Maßnahmen. Sie kann insbesondere Angebote beanstanden, untersagen oder deren Sperrung anordnen. Diese Ordnungswidrigkeiten können mit einer Geldbuße von bis zu 250.000 € oder auch mal 500.000 € geahndet werden.

> **Ihr Transfer in die Praxis**
> - Das World Wide Web bietet uns eine Vielzahl von Ausdrucksmöglichkeiten und es erleichtert und bereichert die Kommunikation untereinander.
> - Ein bewusster Umgang mit unseren persönlichen Daten bedeutet keine Einschränkung, sondern wir gewinnen an Schutz.
> - Das Internet ist kein rechtsfreier Raum und die Rechtsvorschriften gelten.
> - Denken Sie beim sorglosen Umgang mit den Neuen Medien auch hin und wieder an die Leistungen, die dahinterstecken.
> - Auch das Influencer Marketing muss sich an gesetzliche Vorgaben halten.
> - Reagieren Sie auf Abmahnungen und holen Sie sich im Zweifel anwaltliche Hilfe.

# Literatur

Bitkom (2012). Social Media in deutschen Unternehmen, Studie des Bundesverband Informationswirtschaft, Telekommunikation und neue Medien e. V. (BITKOM), abrufbar online unter: https://www.bitkom.org/sites/default/files/file/import/Social-Media-in-deutschen-Unternehmen4.pdf. Zugegriffen: 21. Juni 2022

Bitkom (2021). Digitalisierungsschub in der Wirtschaft wird Pandemie überdauern. https://www.bitkom.org/Presse/Presseinformation/Digitalisierungsschub-in-Wirtschaft-wird-Pandemie-ueberdauern. Zugegriffen: 21. Juni 2022

Brandwatch (2022). Report 2022 Digital Marketing Trends. https://www.brandwatch.com/reports/2022-digital-marketingtrends/view/#fromfalcon?utm_source=campaign&utm_medium=email&utm_campaign=2022-digital-marketing-trends&utm_content=omr_article. Zugegriffen: 21. Juni 2022

Destatis (2021). Pressemitteilung Nr. N 067 vom 24. November 2021. https://www.destatis.de/DE/Presse/Pressemitteilungen/2021/11/PD21_N067_45.html. Zugegriffen: 21. Juni 2022

Statista (2021). Umfrage zur Nutzung des Internets bei Personen ab 60 Jahren in Deutschland im Jahr 2021. https://de.statista.com/statistik/daten/studie/1100772/umfrage/internetnutzung-von-senioren/. Zugegriffen: 21. Juni 2022

Statista (2021). Anzahl der Internetnutzer nach Altersgruppen in Deutschland in den Jahren 2003 bis 2021. (https://de.statista.com/statistik/daten/studie/36151/umfrage/anzahl-der-internetnutzer-in-deutschland-nach-altersgruppen-seit-1997/. Zugegriffen: 21. Juni 2022

Statista (2021). Umsätze mit Onlinewerbung in Deutschland In den Jahren 2015 bis 2020 und Prognose bis 2025. https://de.statista.com/statistik/daten/studie/165473/umfrage/umsatzentwicklung-von-onlinewerbung-seit-2005/. Zugegriffen: 21. Juni 2022

Statista (2021). YouTube ist für Werbung relevanter als Print. https://de.statista.com/infografik/22854/umfrage-zur-wahrnehmung-von-werbung/. Zugegriffen: 21. Juni 2022falo

Statista (2018). Prognose zum Marktvolumen für Influencer Marketing in der DACH-Region für die Jahre 2017 und 2020. https://de.statista.com/statistik/daten/studie/818786/umfrage/marktvolumen-fuer-influencer-marketing-in-der-dach-region/. Zugegriffen: 21. Juni 2022

Resolution der UN-Generalversammlung, verabschiedet am 17. Dezember 2018 (A/RES/73/179). https://www.un.org/Depts/german/gv-73/band1/ar73179.pdf. Zugegriffen: 21. Juni 2022

# 2
# Influencer Marketing

> **Was Sie aus diesem Kapitel mitnehmen**
>
> - Was ist Influencer Marketing?
> - Herausforderung für die Märkte und Akteure?! Und was ist gemeint?
> - Mit Influencer Marketing reich werden?
> - Drohendes Risiken und Kosten bei Fehlverhalten: Die Datenschutz-Grundverordnung

Influencer Marketing setzt sich aus den zwei englischen Wörtern to influence (zu beeinflussen) und Marketing (Werbung) zusammen. Es definiert die Verbreitung von Botschaften im Internet und den Social-Media-Plattformen über reichweitenstarke Personen, die Meinungsmacher sind und eine große Follower Gemeinde haben. Dabei spielt es keine Rolle, um welche Personengruppen oder Netzwerke es sich handelt. Wichtig ist nur, dass der Einfluss dieser Menschen auf andere Personengruppen sehr stark sein muss. Und so können aus unbekannten Menschen dank Social Media fast über Nacht Berühmtheiten werden und ihre Verbreitungskanäle zu gefragten Werbeplattformen. Der entscheidende Unterschied zu anderen Marketing-Formen sind die Absender. Denn beim Influencer Marketing ist es nicht die

Marke oder das Unternehmen selbst, sondern es sind Influencer, die aus der Perspektive als Privatperson sprechen. Dadurch entstehen eine Authentizität und besondere Glaubwürdigkeit in der Fangemeinde. Für die Unternehmen hat Influencer Marketing einen enormen Vorteil, denn durch das zielgruppengenaue Ansprechen kann eine große Zahl potentieller Käufer angesprochen werden. Und das ohne Streuverluste, denn die direkte Rückkoppelung der Nutzer passiert durch Bestätigung mittels „Likes". In Millionen Webseiten ist ein „Gefällt mir"-Button zum Web-Standard geworden. Dieser gilt sozusagen als soziale Währung im Internet. Wenn ein Nutzer eine Seite mit Like-Button besucht, kann er sein Gefallen oder Nicht-Gefallen an Online-Inhalten oder Produkten damit ausdrücken. Mittels „Retweets" können Nutzer den Link der entsprechenden Webseite an andere Nutzer weiterleiten. Somit ergibt sich eine automatische Werbung. Für das Wachstum von Influencer Marketing ist also vor allem der Wandel unserer Mediennutzung verantwortlich. Das Verhältnis zum Fernsehen hat sich zugunsten des Internet verschoben und das Bewegtbild, also Video löst mehr und mehr den Text zum Beispiel aus Printmedien ab. Zudem nehmen die sozialen Netzwerke einen sehr großen Teil in unserem Leben ein, vor allem bei jungen Konsumenten. Die misstrauen zunehmend den Marken der Großkonzerne, die es dadurch immer schwerer hatten mit ihren Werbebotschaften auf anderen Kanälen durchzukommen. Aus dieser Realität heraus veränderte die Welt der Werbung und es entstand das „Phänomen" Influencer Marketing.

## 2.1 Was ist ein Influencer?

Doch was genau ist nun ein Influencer? Per Definition ist es eine Person, die in sozialen Netzwerken eine Internetpräsenz zum Beispiel in Form eines eigenen Kanals hat und meist eine Art von Bekanntheit besitzt. Einige von ihnen haben eine beträchtliche Anzahl von Abonnenten ihrer Kanäle, die auch Follower genannt werden. Influencer spielen bei ihren Followern eine meinungsbildende Rolle. Bei ihren Handlungen geht es vorwiegend um den Konsumbereich Mode, Kosmetik oder Fitness. Dahinter steckt das Phänomen, dass diese Followers wie Freunde behandelt werden und die Influencer sie an ihrem täglichen Leben teilhaben lassen. Sie geben ihre Erfahrungen und Meinungen zu Produkten weiter, in dem es wie eine private Empfehlung wirkt. Das hat den wohl größten Einfluss auf das Konsumverhalten der Nutzer.

Als Voraussetzung für das Beeinflussungspotenzial eines Influencers gibt es keine besondere Autorität oder eine höhere Stellung in der Gesellschaft. Influencer können alle sein, die sich über bestimmte Themen, Unternehmen, Marken, Produkte im Internet äußern, in Form von Bewertungen, Beschwerden, Anleitungen oder einfach nur über Nennung oder ihre Meinung zu Blogs, Fachartikeln, Videos, Tweets oder Social Media Posts. Influencer stehen auch für kein bestimmtes Content-Format und kein spezielles Medium. Es gibt Influencer auf YouTube, Instagram, Twitter, Facebook, TikTok usw. Alle Influencer haben gemein, dass sie über eine hohe digitale Kompetenz und Aktivität in den sozialen Medien verfügen. Eine Unterscheidung nach Zuordnung zu einem bestimmten Kanal im Internet ist nicht sinnvoll, die Influencer nutzen meist alle Plattformen, um auf ihre neuen Inhalte aufmerksam zu machen. Dabei geht es nicht nur um die Verbreitung eigener Inhalte, sondern um die Erstellung von Inhalten für jedes einzelne Netzwerk passend und separat. Erfolgreiche YouTuber oder Blogger verfügen in der Regel auch über eine hohe Reichweite in anderen sozialen Netzwerken wie beispielsweise Instagram. Hier wurden auch die Hashtags # zum typischen Symbol, um ein bestimmtes Stichwort vom übrigen Text abzuheben und einen Post eine thematische Zuordnung zu geben.

An der Anzahl der Follower ihres Kanals lässt sich also der Einflussbereich eines Influencers ablesen. Die Erfolgreicheren, also stark an Reichweite im Internet, werden von Unternehmen oder Agenturen angeworben und beauftragen diese Influencer gegen Bezahlung eine werbewirksame Präsentation ihres Produktes oder ihrer Dienstleistung innerhalb eines Videos oder Texteintrages in den sozialen Medien. Die Influencer sehen ihre Kanäle somit als Geldquelle und nutzen daher meistens verschiedene, in denen sie die jeweiligen Botschaften platzieren und damit streuen. Auf Instagram und YouTube ist die Marktsituation bislang jedoch am weitesten fortgeschritten. In anderen sozialen

Netzwerken wie etwa Twitter, Snapchat, TikTok oder Facebook finden sich verstärkt Werbeaktivitäten von Influencern.

Fakt ist aber, dass große Reichweite eine der Voraussetzungen ist, um ein erfolgreicher Influencer zu werden. Vergleichbar ist das mit einer hohen Auflage im Printbereich oder vielen Zuschauern im Fernsehgeschäft. Erfolgreiche Influencer sind die Reichweitenstars im Internet, manches Mal haben Instagram Accounts mehrere Millionen von Followern. Und sind in der Wahrnehmung schon an manch etabliertem YouTube Star vorbeigezogen.

### 2.1.1 Personen

Was glauben Sie, wie viele „Follower" eine renommierte Zeitschrift wie die deutsche Vogue auf Instagram hat? Fast 500.000! Und was meinen Sie: Ist das viel oder wenig? Immerhin gehört die Vogue zu den einflussreichsten Modemagazinen der Welt. Was würde wohl ein Unternehmen investieren, um dort eine Modestrecke zu platzieren oder einen Artikel zu lancieren? Wenn die Mitarbeiter einer Marketingabteilung in diese Richtung denken oder handeln, dann liegen sie ganz daneben. Denn im Zweifel erreicht das Unternehmen durch Chiara Ferragni mehr Menschen und die werden zudem animiert das von ihr getragene Outfit gleich mit zu bestellen. Sie fragen: „Chiara, wer?" Sie ist eine italienische Modebloggerin der es zu verdanken sei, das große Marken überhaupt Social-Media als Kooperationspartner entdeckt haben. Ihr folgen aktuell über 26 Mio. Menschen auf Instagram! Sie ist inzwischen längst selbst zu einer Ikone geworden. Bereits 2015 stand sie auf der Forbes-Liste unter den 30 erfolgreichsten Menschen unter 30 Jahren. Diese Erfolgsstory mag eine Ausnahme sein, ist aber längst in den sozialen Medien keine Ausnahmeerscheinung mehr.

Die beliebteste Plattform für die Influencer-Szene heißt Instagram. Über 1 Mrd. Nutzer weltweit, knapp 30 Mio. in Deutschland und ist im Übrigen neben WhatsApp auch aus dem Facebook-Imperium hervorgegangen. Die Wichtigkeit dieser Plattformen haben speziell Influencer, Prominente, Markenunternehmen und Medien erkannt. Vor allem jüngere User haben Facebook mittlerweile auf breiter Ebene den Rücken gekehrt und veröffentlichen ihre eigenen Inhalte lieber auf Instagram. Hier kann jeder nach Belieben sein Image inszenieren, zeigen, was er macht, was er hat, und wo er war. Kern der Selbstdarstellung ist das „Selfie", welches längst nicht mehr nur ein Foto von sich selbst ist. Das Bild legt sozusagen Zeugnis ab, ist Beweis der eigenen, der besonderen Existenz. Dass es sie gibt, ist revolutionär, denn egal ob auf Social-Media-Kanälen in Japan, USA oder Europa, es ist meist dieselbe Gestik, Mimik oder Format und man hat das Gefühl sie alle zu verstehen. Es ist wie eine Zeichensprache, die aber global verständlich ist. Es nimmt die Fangemeinde mit in den Alltag oder auf Reisen und täglich kommen 80 Mio. Fotos auf Instagram dazu. Dieses Selbstdarstellungs-Phänomen ist die Grundlage für neue Geschäftsmodelle, allen voran das Influencer Marketing. Denn für eine ganze Generation sind die Instagram-Stars Lebensberatung, Vorbild und Werbefigur in einem. Und es scheint, dass der soziale Status eines Menschen über seine Follower-Anzahl bestimmt wird.

Was haben Heidi Klum, Manuel Neuer und Justin Bieber gemeinsam? Auf den ersten Blick nichts. Sie sind die Meister im Selfie-Vermarkten und gehören zu der Top-Liste erfolgreichster Influencer jemals. Sie eint, viel Geld damit zu verdienen, die ganze Welt an ihrem Leben teilhaben zu lassen. Bis zu 2,4 Mio. Dollar ist ein Post des Fußballstars Cristiano Ronaldo wert, laut Instagram Rich List 2022 die jährlich von der Agentur Hopper HQ über die Top Verdiener herausgegeben wird.[1] Nachfolgend ein paar Beispiele der größten Player im deutschen Influencer Marketing:

- Der deutsche Fußballspieler Thomas Müller gehört mit 10 Mio. Followern auf Instagram ebenfalls zu den erfolgreichen Influencern. Er hat unter anderem einen Werbevertrag mit der Kosmetikfirma Gilette.
- Auf Instagram ist einer der größten Märkte zum Thema Fitness. Die 20jährige Influencerin Pamela Reif hat mit 8,3 Mio. Followern eine enorme Reichweite bei einer spezifischen Zielgruppe.

---

[1] 2022 Instagram Richtlist. https://www.hopperhq.com/instagram-rich-list/. Zugegriffen: 21. Juni 2022.

- Platz eins nach Marktwert belegt die 33-jährige Bloggerin Leonie Hanne, die auf ihrem Instagram-Profil 3,9 Mio. Follower hat und als Mode-Influencerin einen Marktwert von 10,9 Mio. geschätzt wird.[2]

Im Prinzip können Influencer in folgende Kategorien eingeteilt werden (vgl. Tab. 2.1)[3]:

Im August 2016 startete Instagram seine Story-Funktion. Dabei wird dem Nutzer ermöglicht seine Fotos oder Videos aufzunehmen, die werden automatisch sogleich online gestellt und verschwinden automatisch nach 24 h wieder. Kurz nach der Einführung dieser Funktion teilten Nutzer weitaus mehr Inhalte als zuvor, und 30 % der am häufigsten angesehenen Storys stammen übrigens von Unternehmen. Diese Fakten zeigen einmal mehr wie die sozialen Medien einen sehr großen Teil in unserem Leben einnehmen.

**Fazit**

Mit mehr oder weniger origineller Selbstdarstellung und einiger Werbung lässt sich viel Geld verdienen. Dabei bestimmt die Höhe an Reichweite oftmals das Werbehonorar. Die Verführung für Influencer ist daher groß, Fake Follower zu kaufen. Aber Achtung! Schließt ein Unternehmen mit einem Influencer einen Werbevertrag für seine Produkte ab und hat der Influencer zuvor seine Reichweite durch den Follower-Kauf erheblich erhöht, könnte Betrug nach dem Strafgesetzbuch vorliegen. Voraussetzung ist die Täuschung des Unternehmens durch den Influencer. Der Unternehmer geht von einer bestimmten Reichweite aus und bemisst danach das Werbehonorar. Dadurch könnte das Unternehmen einen Vermögensschaden erleiden, denn es liegt ein Missverhältnis zwischen der Leistung des Influencer, nämlich seine Werbefähigkeit und der Gegenleistung, das Honorar, vor. Mehr dazu in Kap. 4 und 5.

---

[2] Studie „Brands im Ringlicht – der Markenwert von Deutschlands erfolgreichsten Influencer:innen". Erschienen im Artikel „Das sind Deutschlands wertvollste Influencer" (w&v). https://www.wuv.de/Archiv/Das-sind-Deutschlands-wertvollste-Influencer. Zugegriffen: 21. Juni 2022.

[3] „Influencer: Typen und Kategorien" (influenceme.de). https://influenceme.de/arten-und-kategorien-von-influencern. Zugegriffen: 21. Juni 2022.

**Tab. 2.1** Influencer-Typologisierung nach Follower-Anzahl. (Eigene Darstellung)

| Bezeichnung | Anzahl Follower | Merkmale |
|---|---|---|
| Nano-Influencer | 1000 bis 10.000 | Haben eine sehr kleine Anhängerschaft, besitzen aber dadurch einen engen Kontakt zu dem sozialen Umfeld und erscheinen von daher sehr glaubwürdig. Sie engagieren sich sehr für Ihre Abonnenten |
| Mikro-Influencer | 10.000 bis 50.000 | Bewegen sich sehr nah an ihrer Community, sie haben häufig Expertenwissen, das sie mit ihren Abonnenten teilen. Die Reichweite ist organisch gewachsen aus Familie und Freunde |
| Mid-Tier-Influencer | 50.000 bis 500.000 | Etablierte Influencer, die aber noch nicht als große Influencer angesehen werden. Marken, die mit ihnen zusammen arbeiten bekommen solide Konversion und ein hohes Engagement |
| Mega-Influencer | 1.000.000 bis 5.000.000 | Diese Influencer haben Prominenten-Status und damit eine fast unendliche Reichweite |
| Celebrity-Influencer | über 5.000.000 | Das sind wirklich bekannte Persönlichkeiten, die meist täglich mit Inhalten ein riesiges Publikum erreichen |

## 2.1.2 Andere Akteure: Die Agentur

Die Werbeaktivitäten der Markenunternehmen haben sich also verändert und zunehmend ins Internet verlagert. Die Marketing-Abteilungen machen sich die Reichweite zunutze, die Akteure mit ihren Social-Media-Kanälen haben. Dazu gehören neben prominenten Persönlichkeiten auch „Stars" des Internets, also Blogger, YouTuber oder Instagrammer. Zahlreiche Postings der Influencer über Waren und Dienstleistungen sind allerdings nicht von der Begeisterung für das Produkt veranlasst, sondern vertraglich geregelt. So machen es die Profis unter den Influencern. Manchmal werden aber aus Unbekannten dank Social Media fast über Nacht Berühmtheiten und ihre Verbreitungskanäle zu gefragten Werbeplattformen. Dann treten spezialisierte

Agenturen als Vermittler für potentielle Werbeaufträge gegenüber den Influencern auf den Plan.

Diese Agenturen bieten den Unternehmen die Durchführung von Influencer-Marketing-Kampagnen an. Dazu gehört die Suche nach dem „richtigen" Influencer, das Management seiner Aktivitäten und der Content-Erstellung sowie die Analyse und Berichterstattung über den Erfolg der Kampagne. Dieses Vorgehen ist im Grunde nichts Anderes als organisierte bezahlte Werbung. Das Problem ist nur, das ohne entsprechende Kennzeichnung wie und wo Werbung vorkommt, diese in Deutschland als verschleierte Werbung verboten ist. Bei Verstößen gegen diese Kennzeichnungspflicht werden zunächst die Influencer direkt zur Verantwortung gezogen, unter Umständen aber auch die beworbenen Unternehmen oder die betreffende Agentur. Es besteht also durchaus ein nicht unerhebliches Haftungsrisiko, wenn sich herausstellt, dass die Unternehmen oder Agenturen „Anstifter" oder „Gehilfen" bei der Verschleierung von Werbung waren oder sogar vorsätzlich gehandelt haben. Wir wollen uns nachfolgend die rechtliche Problematik im Hinblick auf die Agenturen etwas genauer ansehen, denn unser Augenmerk liegt auf den Influencern und Unternehmen, welche wir in Kap. 4 und 5 genauer unter die Lupe nehmen.

Verstöße gegen die Kennzeichnung von Werbung beschäftigen immer häufiger die deutschen Gerichte. In der Regel geht zunächst der Verband Sozialer Wettbewerb e. V. direkt gegen den Influencer vor, denn der steht im Impressum des jeweiligen Social-Media-Kanal mit seiner ladungsfähigeren Anschrift und zeichnet somit verantwortlich. Wenn allerdings statt dem Influencer die Agentur im Impressum steht, dann geht die Haftung mitunter über. Das kommt vor, wenn die Influencer Teil eines Multi-Channel-Netzwerkes sind, bei denen mehrere YouTube-Kanäle unter Vertrag sind. Oder wenn der Influencer seine wahre Adresse nicht preisgeben möchte, wenn es sich zum Beispiel um eine sehr bekannte Persönlichkeit handelt. Das betrifft auch die Angaben von sogenannten c/o-Adressen im Impressum. Hier macht der Gesetzgeber keine Ausnahmen.

Einfach gesagt, ist derjenige in das Impressum aufzunehmen, der auch die Verantwortung für den geposteten Inhalt übernehmen will oder muss. Somit gibt es im Prinzip zwei Möglichkeiten, wann eine Agentur für einen Verstoß gegen die Kennzeichnungspflicht eines mit Werbung versehenen Posts eigenständig haftet. Wenn zum einen bestätigt werden kann, das die Agentur den Influencer zum Kennzeichnungsverstoß angestiftet hat, also auffordert, den werblichen Beitrag nicht entsprechend zu kennzeichnen. Dieser Fall ist aber sehr selten beziehungsweise nur nachweisbar, wenn entweder der Influencer oder die Agentur selbst im Streitfall einräumen, dass sie sich gemeinsam zur Nicht-Kennzeichnung entschieden haben.

Die zweite Möglichkeit einer Haftung der Agentur dürfte in der Praxis häufiger vorkommen: Manchmal treten Influencer unter Künstlernamen auf oder möchten eben nicht, wie oben beschrieben, dass der „echte" Namen und seine Anschrift im Impressum auftauchen. Dann übernimmt die Agentur auch nach Außen die Verantwortung und entsprechend die Haftung für alle Inhalte, die auf dem Social-Media-Kanal veröffentlicht werden. Wird also ein Beitrag, welcher Werbung enthält, vom Influencer nicht als solche gekennzeichnet, dann haftet entsprechend der Angaben im Impressum nach außen nicht der Influencer, sondern eben die Agentur selbst.

Das wurde auch in einer veröffentlichten Entscheidung des Landgerichts Köln so festgestellt (LG Köln, Urteil vom 14.09.2021, Aktenzeichen 31 O 88/21): Eine Influencerin mit rund zwei Millionen Follower hat in ihrem Blog verschiedene Beiträge mit werblichem Charakter veröffentlicht. Die Inhalte wurden aber nicht als Werbung entsprechend gekennzeichnet. Das Landgericht sah hier eine Verletzung des § 5a Abs. 6 UWG (Irreführung durch Unterlassen) und verurteilte die angegebene Agentur zur Unterlassung. Die Agentur wollte die Identität der Influencerin nicht preisgeben, weil diese andernfalls gefährdet sei. Interessant an dieser Entscheidung ist eben, dass eine Haftung für Kennzeichnungsverstöße immer denjenigen trifft, der über seine Darstellung im Impressum die Verantwortung für die Inhalte auf einem Social-Media-Kanal übernimmt. Agenturen, Manager oder andere Vertreter von Influencern sollten also immer überlegen, ob sie wirklich diese Haftung für die Inhalte und die daraus resultierenden Folgen übernehmen wollen. Fehler oder Unterlassen bei der Werbekennzeichnung sind schnell gemacht und das kann nicht nur das Markenrecht betreffen, sondern auch mal das Persönlichkeitsrecht.

Der bereits beschriebene Mittelweg könnte die Adresse der Agentur als sogenannte c/o-Adresse sein, wonach zwar die ladungsfähige Anschrift die Agentur ist, aber der Influencer namentlich genannt wird.

## 2.2 Wirtschaftliche Chancen

In Deutschland nutzen rund 30 % der Internetuser einen sogenannten AdBlocker, eine Software die Werbeanzeigen sowohl auf dem Smartphone als auch im Internet-Browser blockiert.[4] Dadurch hat die Display-Werbung an Relevanz verloren und Influencer-Marketing an Bedeutung gewonnen. Zu den technischen Adblockern treten noch die „mentalen Adblocker". Die Abneigung der potenziellen Kunden gegen herkömmliche Unterbrecherwerbung auf den digitalen Kanälen und Plattformen wie YouTube & Co. nimmt immer weiter zu. Also schichten Marken und Unternehmen Budgets um, damit sie mit sogenanntem Content Marketing in Form von Videos und Textbeiträgen ihre Werbebotschaft über andere Wege unter die Leute bringen können. Und das ist die Chance der Influencer oder solche, die es werden wollen.

Die vorhin schon erwähnte Influencerin Chiara Ferragni ist mit ihren Selfies und Postings reich und berühmt geworden. Ihre Hochzeit verfolgten mehr Menschen auf Instagram als die von Prinz Harry und Megan Markle im Jahre 2018. Und sie erzielte darüber hinaus einen Werbeeffekt von über 36 Mio. US-Dollar für die beteiligten Firmen. Laut statista setzten Influencer im deutschsprachigen Raum im Jahr 2020 netto 990 Mio. Euro um, demnächst wird die Milliarden-Marke geknackt.[5]

---

[4] Statista (2019). Umfrage zur Nutzung von Adblockern nach Endgeräten in Deutschland 2019. https://de.statista.com/statistik/daten/studie/983535/umfrage/adblocker-nutzung-nach-endgeraeten-in-deutschland/. Zugegriffen: 21. Juni 2022.

[5] Statista (2018). Prognose zum Marktvolumen für Influencer Marketing in der DACH-Region für die Jahre 2017 und 2020. https://de.statista.com/statistik/daten/studie/818786/umfrage/marktvolumen-fuer-influencer-marketing-in-der-dach-region/. Zugegriffen: 21. Juni 2022.

In Deutschland betreiben 59 % der befragten Unternehmen Influencer Marketing als ein Marketingtool.[6]

Ein Beispiel für klassisches Influencer Marketing auf YouTube sind die sogenannten Haul-Videos. Hier werden gekaufte oder von Unternehmen zugeschickte Produkte von den Meinungsmachern vorgestellt und die jeweilig getroffene Kaufentscheidung für das Produkt begründet. Ein weiteres Beispiel sind sogenannte LookBooks. Influencer führen verschiedene Outfits zu den aktuellen Trends vor und stellen sie gegenüber. Bei Tutorials wird in Schritt-für-Schritt-Anleitungen die Aufmerksamkeit für wenig werbliche Themen aus Bereichen wie Geldanlage oder Gartenarbeit erhöht. Zum Beispiel arbeitet das Musikhaus Thomann mit YouTubern zusammen, die Musiktutorials anbieten. Großer Beliebtheit auf YouTube erfreuen sich sogenannte Reviews, bei denen Influencer ein Produkt ausführlich bewerten. Dabei sind diese Bewertungen zwar oftmals subjektiv, aber das nehmen ihnen die Followers nicht übel. Die Fans in der Community der Influencer wissen, dass die Influencer sich aus ihrer Tätigkeit finanzieren. Die Erlösquellen der Influencer sind vielfältig: Neben der monetären Bezahlung für gesponserte Fotos, Videos oder eine Story gibt es diverse andere Einnahmeformen. Dazu zählen Umsatzbeteiligungen im Rahmen von Affiliate-Marketing-Vereinbarungen mit Werbetreibenden oder auch kostenfrei zur Verfügung gestellte Produkte, Reisen etc. Den größten Umsatzanteil erzielen Influencer jedoch mit direkt vergüteten Postings.

Im Prinzip gilt: Influencer ist nicht gleich Influencer. Die höchsten Erlöse werden auf YouTube und Instagram erzielt. Influencer in Deutschland die zwischen 1000 und 5000 Followern haben, verdienen im Durchschnitt 10 bis 60 US$ pro Posting. In der Regel werden pro Post rund 500 € bezahlt. Das hat auch einen strategischen Grund, denn Postings mit niedrigen oder sogar gar keinem Budget laufen besser als größere Investments. Als Gegenleistung darf der Influencer oftmals

---

[6] Statista (2018). Umfrage zur Nutzung von Influencer Marketing durch Unternehmen in Deutschland 2018. https://de.statista.com/statistik/daten/studie/941222/umfrage/nutzung-von-influencer-marketing-durch-unternehmen-in-deutschland/. Zugegriffen: 21. Juni 2022.

die Produkte behalten. Bei Mega-Influencern, als über eine Million Followern, beträgt der Marktdurchschnittspreis für einen Beitrag ab 15.000 US$.[7]

## 2.3 Persönliche Herausforderungen

Unser Alltag ist digital geworden, Beziehungen werden via Social Media gepflegt und die persönliche Entwicklung ist wichtiger als finanzielle Vorteile. Auf diese Realität treffen Influencer und Wirtschaftsunternehmen gleichermaßen und haben grundsätzlich ein gemeinsames Interesse: Mehr Aufmerksamkeit und damit mehr Umsatz. Der Unterschied ist nur, das sich hinter den Dienstleistungen eines Influencers ein Mensch verbirgt, der seine ganze Persönlichkeit einbringen muss; das macht sie angreifbar und verletzlich. Die oftmals medial und bisweilen reißerische Berichterstattung über das Leben eines Influencers hat den sachlichen und seriösen Umgang mit „der Chance Influencer Marketing" nicht gerade gefördert. Bei den Marktteilnehmern sind Unsicherheiten und Zweifel entstanden durch Schlagzeilen wie „Trend-Beruf Influencer: Mit diesem Job lassen sich über 100.000 € verdienen – pro Posting" oder falsche Hoffnungen und Begehrlichkeiten geweckt mit „So viel verdient ein Influencer mit nur einem Post".

Die gefühlte Nähe und die Begeisterung von Seiten der Fangemeinde ist groß und es kommt auch keine Negativstimmung oder Neiddebatte auf, wenn sich die Influencer in der Sonne der Karibik räkelt, während sich der Follower durch regnerische Tage im kalten Deutschland quält. Für die Influencer ist die Abwägung zwischen der positiven Anerkennung einerseits und den Anforderungen des Marktes andererseits auch eine Frage „Wie mit diesem Druck umgehen?" So überrascht es nicht, dass Influencer mit hohen Reichweiten ihre Karrieren auch wieder beenden. Melina Sophie (3,2 Mio. Follower bei

---

[7] Statista (2020). Marktdurchschnittspreis für einen Beitrag von Influencern in Deutschland im Jahr 2020. https://de.statista.com/statistik/daten/studie/1119636/umfrage/influencer-einkommen-pro-post/. Zugegriffen: 21. Juni 2022.

Instagram), Jonas Ems (2,8 Mio. Follower auf YouTube) und Joey's Jungle (1,98 Mio. YouTube-Abonnenten) haben im Dezember 2021 das Ende ihrer Kanäle verkündet. Die Begründungen reichen von mentaler Gesundheit über den immensen Zahlendruck oder die Abhängigkeit von äußerer Anerkennung. Sicherlich können diese Nischen neu besetzt werden, wenn Akteure abwandern. Aber die individuelle Kreativität und langjährige Erfahrung dieser Influencer geht der Wirtschaft verloren und könnte auch ein Weckruf sein. In einem stetig wachsenden Markt braucht es verantwortungsvolles Handeln. Das geht von persönlichen Ansprechpartnern für die Influencer in den Werbeabteilungen bis hin zu einem regen Austausch und die entsprechende Vertragsgestaltung, wenn es um rechtliche Fragen geht.

Unabhängig von den zu beachtenden Vorschriften zu Werbung, Kennzeichnung, Persönlichkeitsrechten etc., die später im Buch genauer beschrieben werden, gibt es Vorschriften am Rande, auf die wir der Vollständigkeit halber hinweisen wollen:

**Die Datenschutz-Grundverordnung**
Jeder der online aktiv ist, egal ob Privatperson, Influencer oder Unternehmer, ist von der Datenschutz-Grundverordnung betroffen, die am 25. Mai 2018 europaweit in Kraft getreten ist. Die DSGVO soll allen Bürgern in der Europäischen Union mehr Kontrolle über ihre Daten geben. Die Gesetzgebung ist weit gefasst und deckt alle Arten von Webseiten, einschließlich Blogs, ab. Influencer müssen sich bewusstwerden, dass sie persönliche Daten einsammeln, wenn E-Mail-Adressen, postalische Anschriften oder sogar IP-Adressen erhoben werden. Somit ist jeder Influencer betroffen, der einen Blog oder eine Website mit Kommentarfunktion oder einem Kontaktformular hat. Genauso sind Unternehmen oder Agenturen betroffen und müssen seit 25. Mai 2018 jederzeit offenlegen können, welche datenschutzrelevanten Daten sie zu welchem Zweck erhoben haben und wie lange diese gespeichert werden.

**Die sozialrechtlichen Anforderungen**
Die gesamte Influencer-Marketing-Branche untersteht auch bestimmten sozialrechtlichen Anforderungen, deren Einhaltung im Wesentlichen die Aufgabe der Künstlersozialkasse ist. Wichtig für Influencer und

Unternehmen ist die Zahlung der Künstler-Sozialversicherungsbeiträgen. Die Beiträge müssen von Unternehmen gem. § 24 Abs. 2 KSVG gezahlt werden, wenn sie nicht nur gelegentlich Aufträge erteilen. Aufträge werden lediglich gelegentlich erteilt, wenn die Summe der Entgelte nach § 24, Abs. 3, S. 1 KSVG pro Auftrag die Höhe von 450 € nicht übersteigt. Abgabepflicht besteht gegenüber der Künstlersozialkasse. Die Abgabepflicht für das gezahlte Entgelt für Influencer entfällt, wenn gem. § 3 Abs. 1 KSVG das Arbeitseinkommen im Kalenderjahr 3900 € nicht übersteigt. Durch das finanzielle Volumen im Bereich des Influencer Marketings übersteigen einzelne Aufträge oft bereits die Mindestschwelle und begründen eine Abgabepflicht.

> **Ihr Transfer in die Praxis**
> - Influencer Marketing ist eine der wichtigsten Marketingdisziplinen geworden.
> - Immer mehr Unternehmen machen sich die Reichweite zunutze, die Influencer auf ihren Social-Media-Kanälen haben.
> - Influencer Marketing bieten große Chancen für alle Marktteilnehmer, wenn sie sich an die Regeln halten.
> - Bitte auch mit der Datenschutz-Grundverordnung und den sozialrechtlichen Fragen befassen.

## Literatur

Influenceme.de. „Influencer: Typen und Kategorien". https://influenceme.de/arten-und-kategorien-von-influencern. Zugegriffen: 21. Juni 2022

Instagram Richtlist (2022). https://www.hopperhq.com/instagram-rich-list/. Zugegriffen: 21. Juni 2022

Statista (2019). Umfrage zur Nutzung von Adblockern nach Endgeräten in Deutschland 2019. https://de.statista.com/statistik/daten/studie/983633/umfrage/adblocker-nutzung-nach-endgeraeten-in-deutschland/. Zugegriffen: 21. Juni 2022

Statista (2018). Prognose zum Marktvolumen für Influencer Marketing in der DACH-Region für die Jahre 2017 und 2020. https://de.statista.com/statistik/daten/studie/818786/umfrage/marktvolumen-fuer-influencer-marketing-in-der-dach-region/. Zugegriffen: 21. Juni 2022

Statista (2018). Umfrage zur Nutzung von Influencer Marketing durch Unternehmen in Deutschland 2018. https://de.statista.com/statistik/daten/studie/941222/umfrage/nutzung-von-influencer-marketing-durch-unternehmen-in-deutschland/. Zugegriffen: 21. Juni 2022

Statista (2020). Marktdurchschnittspreis für einen Beitrag von Influencern in Deutschland im Jahr 2020. https://de.statista.com/statistik/daten/studie/1119636/umfrage/influencer-einkommen-pro-post/. Zugegriffen: 21. Juni 2022

W&V (2022). Studie „Brands im Ringlicht – der Markenwert von Deutschlands erfolgreichsten Influencer:innen". Erschienen im Artikel „Das sind Deutschlands wertvollste Influencer" (w&v). https://www.wuv.de/Archiv/Das-sind-Deutschlands-wertvollste-Influencer. Zugegriffen: 21. Juni 2022

# 3
# Rechtliche Grundlagen

> **Was Sie aus diesem Kapitel mitnehmen**
>
> - Welche rechtlichen Rahmenbedingungen betreffen Influencer Marketing
> - Was sind die aktuellen Regelungen durch den neuen Medienstaatsvertrag
> - Anhand von Beispielen zeigen wir, was passieren kann

Grundsätzlich wird unser deutsches Rechtssystem in drei Rechtsgebiete eingeteilt: Zivilrecht, öffentliches Recht und Strafrecht. Das Medienrecht kann keinem dieser Bereiche alleinig zugeordnet werden und ist somit ein Rechtsgebiet, welches eine Vielzahl von Vorschriften vereint. In erster Linie sollen die Beziehungen der Akteure in der Medienlandschaft geregelt werden. Die klassischen Medien, also Hörfunk, Fernsehen und Print wachsen durch die Digitalisierung und Etablierung im Internet zusammen und verändern die Gattung der Medien – weg vom reinen Informationslieferanten hin zu einem Konsumprodukt. Diese Annäherung verschiedener Einzelmedien wird auch als Medienkonvergenz bezeichnet. Die intensive Nutzung mobiler Devices, also

Smartphones und Tablets, im privaten und geschäftlichen Bereich treiben gleichzeitig technische Neuerungen und eine wirtschaftliche Eigendynamik voran. Die sozialen Medien verschärfen diesen Trend und durch den uneingeschränkten Zufluss von medialen Botschaften – die zunächst von keiner Instanz kontrolliert werden – stoßen diese quasi ungefiltert auf die Nutzer. Diese fraglos positiven technischen Entwicklungen treffen auf bestehende rechtliche Bestimmungen, die dafür eigentlich nicht ausgelegt sind. Das Recht läuft der Technik sozusagen hinterher und forderte neue Rahmenbedingungen. Aufgrund der veränderten Medienlandschaft verabschiedete die Europäische Union 2018 eine neue Richtlinie über Audiovisuelle Mediendienste (AVMD-RL), die innerhalb von zwei Jahren in den EU-Ländern umgesetzt werden musste. Sie stellt eine Orientierungshilfe dar und will die Medienordnungen der EU-Länder in das digitale Zeitalter überführen.

Unsere heutige Medienwelt ist digital, interaktiv und Teil einer Plattform-Ökonomie, denn auch in den sozialen Netzwerken wollen die Akteure mitunter Geld verdienen. Verschleierte Werbeformen funktionieren am besten und genau da stößt das Influencer Marketing an seine Grenzen, denn wo hören redaktionelle Inhalte auf und wo fängt Werbung an? Um sich also störungsfrei im Internet bewegen zu können, sollte man sich mit den rechtlichen Regelungen das Influencer Marketing betreffend auseinandersetzen. Darum wollen wir in den nächsten Kapiteln die wichtigsten juristischen Teilbereiche einordnen und auf rechtliche Fragen Antworten geben.

## 3.1 Rundfunkrecht

### 3.1.1 Der Medienstaatsvertrag und seine Inhalte

Der Staatsvertrag für Rundfunk und Telemedien (kurz Rundfunkstaatsvertrag) war bislang die gemeinsame Regelung des Rundfunkrechts zwischen den 16 deutschen Bundesländern. In den vergangenen Jahren hat sich jedoch immer wieder gezeigt, dass die rechtlichen Regelungen nicht mehr zu unserer veränderten Medienlandschaft passen. Die von der EU geforderte Umsetzung der AVMD-Richtlinie (RICHTLINIE

(EU) 2018/1808 DES EUROPÄISCHEN PARLAMENTS UND DES RATES vom 14. November 2018) mündete 2019 in den Medienstaatsvertrag. Die bisher geltenden Regeln im Rundfunkrecht sollten an das digitale Zeitalter angepasst werden. Im Mai 2020 haben sich die Bundesländer dann auf einen neuen Staatsvertrag geeinigt, der den bis dahin geltenden Rundfunkstaatsvertrag im November 2020 abgelöst hat.

Die Umbenennung in Medienstaatsvertrag soll signalisieren, dass das Gesetz nicht mehr nur für Fernsehen und Radio gilt, sondern auch für die vielen digitalen Medienanbieter. Mit dem Medienstaatsvertrag (MStV) werden zudem die Regelungen des Rundfunks auf zahlreiche Unternehmen ausgeweitet. Im Wesentlichen sind es vier Punkte, die den MStV vom Rundfunkstaatsvertrag (RStV) unterscheiden:

1. Ein Hauptkriterium des Medienstaatsvertrages ist die Einführung von **Transparenzvorschriften** und **Diskriminierungsverboten,** um die Meinungsvielfalt zu sichern und Transparenz herzustellen. Zum Beispiel müssen Medienplattformen und Benutzeroberflächen offenlegen, nach welchen Grundsätzen sie Inhalte und Informationen auswählen, organisieren und nach welchen Kriterien sie Empfehlungen geben sowie welche Algorithmen sie dafür nutzen. Weiter dürfen journalistisch-redaktionell gestaltete Angebote nicht behindert und ausgewählte Inhalte dafür bevorzugt werden.
2. Es wurden **Informationspflichten** für sogenannte **Medienintermediäre** eingeführt. Hier handelt es sich um Anbieter, die keine eigenen Inhalte produzieren, sondern Inhalte an Dritte, also etwa die Nutzer, weitervermitteln. Medienintermediäre sind zum Beispiel Google-News, Twitter, Facebook und ähnliche Portale auf denen Nachrichten gebündelt werden. Aber auch Smart-Speaker von Google und Amazon, von denen man sich Nachrichten vorlesen lassen kann sowie Smart-TVs zählen dazu. Seither müssen sie über Zugangskriterien zu ihrer Plattform und die Selektions- und Präsentationskriterien der dargestellten Inhalte informieren.
3. Neben den Medienintermediären sind sogenannte **Medienplattformen** und Benutzeroberflächen die zweite große Gruppe, für die im Medienstaatsvertrag neue Regelungen getroffen wurden. Darunter

versteht der MStV unter anderem Fernsehkabelnetze oder auch digitale Fernsehangebote wie Zattoo, MagentaTV oder Netflix. Diese Anbieter machen Inhalte ebenfalls Dritten zugänglich, sind aber im Gegensatz zu Medienintermediären in sich geschlossene Systeme. Eine Ausnahme gilt für Plattformen, die sich auf die Präsentation von Waren spezialisiert haben, also sogenannte Marketplaces. Die Regelungen für Medienintermediäre und Plattformen gelten jedoch nur, wenn sie regelmäßig mehr als eine Million Nutzer pro Monat in Deutschland haben.

4. Der Medienstaatsvertrag enthält auch Regelungen für den **Streaming-Bereich.** Hier gab es im „alten" Rundfunkstaatsvertrag stets Unsicherheiten bei der Frage, ob und wann Streamer eine Rundfunkzulassung benötigen. Denn sobald ein Streamer mehr als 500 Zuschauer gleichzeitig erreichen konnte, musste er eine Rundfunklizenz beantragen. Vor allem kleinere Anbieter von Live-Angeboten hatten Schwierigkeiten, diese rechtlichen Anforderungen zu erfüllen. Dies sorgte dafür, dass jeder Livestreamer im Grunde Rundfunk betrieben hat und sich in einer rechtlichen Grauzone bewegte. Durch den Medienstaatsvertrag besteht diese Pflicht erst, wenn ein Live-Angebot regelmäßig mehr als 20.000 Zuschauer hat und die Inhalte relevant für die öffentliche und individuelle Meinungsbildung sind.

**Kennzeichnung von Bots**

Eine neue Regelung im Medienstaatsvertrag, die Influencer nur am Rande streift, ist die Kennzeichnung von sogenannten Bots. Das sind Programme, die Aktionen eines Social-Media-Accounts, wie Liken, Followen oder Kommentieren, zu automatisieren. Durch die automatisierte Aktivität des Accounts sollen echte Nutzer als Follower gewonnen werden. Und wer in sozialen Netzwerken Bots zur Beantwortung von Nutzeranfragen oder -kommentaren verwendet, muss dies nun künftig kennzeichnen.

Insgesamt gesehen schafft der neue Medienstaatsvertrag gerade für Influencer als kreative Medienschaffende mehr Entfaltungsräume und baut Bürokratieaufwand ab. Auch, dass sich viele Regelungen auf neue

Formen unserer Medienlandschaft beziehen, ist positiv und gibt mehr Klarheit.

### 3.1.2 Telemedien im Rundfunkrecht

**Der Begriff Rundfunk**

> **Definition Rundfunk**
>
> Laut § 2 MStV ist Rundfunk ein linearer Informations- und Kommunikationsdienst, er ist für die Allgemeinheit und zum zeitgleichen Empfang bestimmte Veranstaltung und Verbreitung von journalistisch-redaktionell gestalteten Angeboten in Bewegtbild oder Ton entlang eines Sendeplans mittels Telekommunikation.

Im Vergleich zum „alten" Rundfunkstaatsvertrag ist auch im „neuen" Medienstaatsvertrag der Begriff Rundfunk von zentraler Bedeutung. Neu ist, dass die Angebote journalistisch-redaktionell gestaltet sein müssen. An diese Voraussetzung werden keine hohen Anforderungen gestellt, sodass keine beruflich ausgeübte journalistische Tätigkeit gefordert wird. Ausreichend ist es, wenn der jeweilige Aussagegehalt eines Beitrages sowohl sprachlich, als auch grafisch oder akustisch geeignet ist, auf die breite öffentliche Meinungsbildung einzuwirken. Damit ein Medienanbieter unter den Rundfunkbegriff fällt, muss als weitere Voraussetzung ein Sendeplan vorliegen, der erstmals im Medienstaatsvertrag erwähnt wird. Ein Sendeplan ist eine auf Dauer angelegte, vom Veranstalter bestimmte und vom Nutzer nicht veränderbare Festlegung der inhaltlichen und zeitlichen Abfolge von Sendungen. Dies bedeutet, dass mindestens zwei unterschiedliche Sendungen in einer bestimmten Abfolge gezeigt werden müssen, wobei diese Abfolge bereits vorher geplant worden sein muss. Und weiter muss das Angebot eine Suggestivwirkung haben, der Nutzer empfindet es als „wahr", weil es über die Medien verbreitet wird. Liegen diese beiden Voraussetzungen vor, besteht eine Zulassungspflicht der Rundfunkprogramme. So könnte der MStV insbesondere für Live-Streamer auf Plattformen wie

YouTube von Bedeutung sein. Sie müssten in der Folge eine Zulassung nach § 52 MStV bei der jeweils zuständigen Landesmedienanstalt beantragen, um eine entsprechende Rundfunklizenz zu erhalten.

Hier gibt es aber eine Erleichterung in § 54 MStV, der besonders für kleinere Anbieter, dem sogenannten „Bagatellrundfunk" interessant ist. Die Zulassung von Rundfunkprogrammen wird also gelockert, der MStV hebt die weitreichende Zulassungspflichtigkeit für Rundfunk auf. Hierzu soll das Zulassungsregime für Rundfunkangebote entschärft werden. So wird bestimmt, dass Rundfunkprogramme mit nur geringer Bedeutung für die individuelle und öffentliche Meinungsbildung zwar Rundfunk sind, jedoch keiner Zulassung bedürfen. Soweit Unklarheiten hinsichtlich der Voraussetzungen der Zulassungspflichtigkeit bestehen, können sich die Anbieter auf Antrag bei der zuständigen Landesmedienanstalt durch die Erteilung einer Unbedenklichkeitsbescheinigung dies bestätigen lassen.

Für die von Influencern meist verwendete Plattform Instagram ergeben sich keine Änderungen aus dem Medienstaatsvertrag, die eine Rundfunklizenzpflicht begründen. Stories, also kurze Videosequenzen, stellen auch keine Sendung im Sinne des § 2 MStV dar. Sollten allerdings mehrere Sequenzen zu einem längeren Video produziert oder zum Beispiel der Content Creator IG-TV genutzt werden, könnte das in Zukunft anders von den Gerichten ausgelegt werden.

**Der Begriff Telemedien**

Einzeln hochgeladene Videos von Influencern sind per Definition kein Rundfunk, dies beantwortet der Gesetzgeber mit einer sogenannten Negativabgrenzung. Da Angebote von Influencern nicht linear sind, also zum zeitgleichen Empfang bestimmt, sondern die Inhalte zum individuellen Abruf bereitstehen, sind sie kein Rundfunk und werden dann Telemedien genannt.

---

**Definition Telemedien**

Laut § 2, Abs. 1, Satz 3 MStV sind **Telemedien** „alle elektronischen Informations- und Kommunikationsdienste" soweit sie nicht bestimmte Dienste im Sinne des Telekommunikationsgesetzes (TKG) sind.

Bei Social-Media-Angeboten von Influencern auf Plattformen wie YouTube, Facebook oder Instagram, fehlt es an der Linearität von Ausstrahlung und Abruf, weshalb der klassische Rundfunkbegriff nicht erfüllt wird. Sie fallen unter den Begriff der „audiovisuellen Telemedien auf Abruf" und somit handelt es sich bei diesen Angeboten im Rechtssinne um Telemedien. Da Influencer auch die Inhalte ihrer Angebote bestimmen, sind sie in diesem Sinne Telemedienanbieter.

Grundsätzlich besteht keine Zulassungspflicht für Influencer. Denn Telemedien sind nach § 17 MStV und § 4 TMG zulassungsfrei. Das Hochladen von Bildern, Videosequenzen oder sogenannten Stories fällt nicht unter den Rundfunkbegriff. Inhaber von Instagram- oder TikTok-Accounts müssen sich hier also in aller Regel keine Sorgen machen. Etwas anders sieht es jedoch aus, wenn Instagram-TV, Periscope, Twitch oder YouTube-Streams zum Einsatz kommen. Bei längeren Videos, insbesondere bei Live-Streams kann dann nämlich eine Zulassungspflicht bestehen.

**Rundfunkähnliche Telemedien**
Diese an sich klare Abgrenzung zwischen Rundfunk einerseits und Telemedien andererseits wird durch den neuen Begriff der „rundfunkähnlichen Telemedien" wieder etwas relativiert. Dies ist allerdings das Ergebnis der Medienkonvergenz, deren Folge es ist, nicht mehr eindeutig zwischen den klassischen Medien unterscheiden zu können. Unter einem rundfunkähnlichen Telemedium versteht der MStV in § 2 Abs. 1, Nr. 13:

> *„rundfunkähnliches Telemedium ein Telemedium mit Inhalten, die nach Form und Gestaltung hörfunk- oder fernsehähnlich sind und die aus einem von einem Anbieter festgelegten Katalog zum individuellen Abruf zu einem vom Nutzer gewählten Zeitpunkt bereitgestellt werden (Audio- und audiovisuelle Mediendienste auf Abruf); Inhalte sind insbesondere Hörspiele, Spielfilme, Serien, Reportagen, Dokumentationen, Unterhaltungs-, Informations- oder Kindersendungen..."*

Das heißt, ein rundfunkähnliches Telemedium ist an die Allgemeinheit gerichtet und es kann ihm eine Suggestivkraft zugewiesen werden und es muss eine gewisse Regelmäßigkeit aufweisen, also den vorhin angesprochenen Sendeplan. Aber es ist per Definition nur auf Abruf zugänglich und damit nicht linear empfangbar. Als Beispiel dienen hier regelmäßige Instagram-Stories von Influencern.

Im Falle eines rundfunkähnlichen Telemediums richten sich die Reglungen über die Werbung nach § 74 MStV. Diese Vorschrift verweist auf das allgemeine Werberecht nach § 8 und § 10 MStV und ist für Influencer von besonderer Bedeutung, denn hieraus ergeben sich vor allem die hochumstrittenen Kennzeichnungspflichten für Werbehinweise, auf die später noch eingegangen wird.

### 3.1.3 Werberegelungen

Die vom Influencer zu beachtenden Werberegelungen ergeben sich einerseits aus dem Medienstaatsvertrag und andererseits finden sich weitere Werberegelungen im Telemediengesetz (TMG) sowie im Gesetz gegen den unlauteren Wettbewerb (UWG). In erster Linie wird nachfolgend auf die Werbevorschriften des Medienstaatsvertrags eingegangen, die die zentralen Definitionen und Anforderungen enthalten.

> **Definition Werbung**
>
> Nach § 2 Abs. 2 Nr. 8 des MStV ist Werbung „jede Äußerung bei der Ausübung eines Handels, Gewerbes, Handwerks oder freien Berufs, die im Rundfunk von einem öffentlich rechtlichen oder einem privaten Veranstalter oder einer natürlichen Person entweder gegen Entgelt oder eine ähnliche Gegenleistung oder als Eigenwerbung gesendet wird, mit dem Ziel, den Absatz von Waren oder die Erbringung von Dienstleistungen, einschließlich unbeweglicher Sachen, Rechte und Verpflichtungen, gegen Entgelt zu fördern."

Somit kann jede Äußerung bereits als Werbung aufzufassen sein, die letztlich einem kommerziellen Zweck dient. Im Vordergrund steht, dass jemand für eine Gegenleistung oder in eigener Sache Produkte oder Dienstleistungen anpreist, um deren Absatz zu fördern. Der Verbraucher soll aber einschätzen können, ob es sich bei der Meinung des Influencers tatsächlich um eine „echte" Meinung oder doch „nur" um finanzierte Werbung handelt. Daher muss Werbung vom restlichen Inhalt getrennt sein!

**Das Trennungsprinzip (§ 8 Abs. 3 MStV)**
Dieser Grundsatz verpflichtet dazu, Werbung und redaktionelle gestaltetes Programm deutlich optisch oder akustisch voneinander zu trennen. Denn der Zuschauer investiert ein Vertrauen in die Richtigkeit von redaktionellen Arbeit und muss daher zu jedem Zeitpunkt wissen, ob das redaktionelle Programm oder aber die interessengeleitete Wirtschaftswerbung zu ihm spricht. Das kann durch Jingles, Soundlogos oder Einblendungen geschehen. Unzulässig ist es dagegen, „weiche Werbetrenner" in der Absicht einzusetzen, die Trennung zwischen Programm und Werbung zu verwischen. Dies kann aber nur im Einzelfall beurteilt werden.

**Schleichwerbung**
Der wesentliche Unterschied zwischen Werbung und Schleichwerbung besteht darin, dass jegliche Form von Werbung ohne entsprechende Kennzeichnung Schleichwerbung ist. Dem Zuschauer wird der wahre Werbecharakter vorenthalten und das ist verboten. Schleichwerbung ist eine unzulässige Durchbrechung des Werbeprinzips.

---

**Definition Schleichwerbung**

Schleichwerbung ist im § 2 Abs. 2 Nr. 9 MStV geregelt. Schleichwerbung ist danach, „die Erwähnung oder Darstellung von Waren, Dienstleistungen, Namen, Marken oder Tätigkeiten eines Herstellers von Waren oder eines erbringt das von Dienstleistungen in Sendungen, wenn sie vom Veranstalter absichtlich zu Werbezwecken vorgesehen ist und mangels Kennzeichnung die Allgemeinheit hinsichtlich des eigentlichen Zweckes dieser Erwähnung oder Darstellung irreführen kann." Ergänzend heißt es in der Vorschrift noch, dass eine Erwähnung oder Darstellung insbesondere dann als zu Werbezwecken beabsichtigt gilt, wenn sie gegen Entgelt oder eine ähnliche Gegenleistung erfolgt.

Beachtet werden sollte jedoch, dass Entgelt oder die Gegenleistung lediglich Indizien darstellen und keinesfalls eine Voraussetzung für die Annahme von Schleichwerbung darstellen. Hierzu können auch weitere Indizien hinzutreten wie die Übernahme von Markenslogans oder von Bildern des Produktherstellers oder gar Kaufempfehlung oder die Präsentation des Produktes selbst. Für die Beurteilung von Schleichwerbung sind im Wesentlichen zwei Annahmen erforderlich: Zum einen bedarf es einer Werbeabsicht und zum anderen eines Irreführungspotenzial. Für die Irreführung ist von der Rechtsprechung ein entsprechender Maßstab entwickelt worden. Abgestellt wird auf einen „durchschnittlich aufmerksamen, aber nicht hoch konzentrierten Zuschauer".

Anhand eines Beispiels wollen wir praktisch herauszuarbeiten, wann unzulässige Schleichwerbung vorliegt:

> **Beispiel Schleichwerbung**
>
> In der Fernsehsendung „Jetzt geht's um die Eier – Die große Promi-Oster-Show" bei Sat1 war mehrfach ein acht Meter großer Osterhase der Firma Lindt sowie ein Plakat mit dem Schriftzug des Unternehmens zu sehen. Lindt hatte der Veranstaltungsfirma MMP im Rahmen eines Sponsorenvertrages dafür 85.000 € gezahlt. Das Oberverwaltungsgericht (OVG) Rheinland-Pfalz hat in einem Grundsatzurteil festgestellt, dass dies irreführende und unzulässige Schleichwerbung war. Nach Auffassung des Gerichts ergibt sich die Werbeabsicht von Sat1 aus der Häufigkeit der Einblendung des Hasens und Banners, sowie aus dem von der Firma Lindt gezahlten Entgelt. Die Verquickung des Programms mit der Darstellung von Waren oder Marken, ohne diese als Werbung zu kennzeichnen, unterläuft den Trennungsgrundsatz. Die Werbung wurde zum Inhalt des Programms gemacht ohne als solche gekennzeichnet zu sein. Das Argument von Sat1, man habe die Organisation MMP übertragen und daher vor Ort keinen Einfluss mehr auf die Gestaltung der Show gehabt, ließ das Gericht nicht gelten. Das würde nur gelten, wenn der Sender auf den Inhalt der Sendung keinen Einfluss mehr nehmen könnte, weil diese in völliger Unabhängigkeit von ihm erstellt wurde, zum Beispiel bei einer Voraufzeichnung. Aber auch dann wäre der Sender verpflichtet gewesen die Einhaltung rundfunkrechtlicher Vorgaben vertraglich abzusichern.

In diesem Fall war die Werbeabsicht unproblematisch, jedoch hätte man an dem Irreführungspotential zweifeln können. Denn Sat1 hatte argumentiert, dass die Werbeelemente hier derart groß waren, dass sich der durchschnittliche Zuschauer gar nicht hätte irreführen lassen können. Die Werbung würde nicht „schleichen", sondern „trampeln". Dem ist das Gericht jedoch nicht gefolgt, weil dies einer Privilegierung von besonders offensichtlicher „lauter" Werbung gleichkommen würde. Daher ist diese Sendung zutreffend als Schleichwerbung eingestuft worden.

**Produktplatzierung**
Der Hauptunterschied zwischen Werbung und Produktplatzierung liegt darin, dass die Produktplatzierung lediglich in einen Beitrag eingebunden ist und das Produkt gerade nicht explizit beworben wird. Dabei wird bei der Produktplatzierung die Vereinbarung einer Gegenleistung aber vorausgesetzt. Auch die kostenlose Bereitstellung von Waren oder Dienstleistungen können Produktplatzierungen sein, sofern die betreffende Ware oder Dienstleistung von bedeutendem Wert ist. Die Grenze dürfte hier bei etwa 1.000,00 € liegen.

> **Definition Produktplatzierung**
>
> Die Produktplatzierung ist in § 2 Abs. 2 Nr. 12 MStV geregelt. Danach ist eine Produktplatzierung *„jede Form der Werbung, die darin besteht, gegen Entgelt oder eine ähnliche Gegenleistung ein Produkt, eine Dienstleistung oder die entsprechende Marke einzubeziehen oder darauf Bezug zu nehmen, so dass diese innerhalb einer Sendung oder einen Nutzer generierten Videos erscheinen."*

Nicht gestattet sind Produktplatzierungen in Nachrichtensendungen und Sendungen zur politischen Information, Verbrauchersendungen, Sendungen religiösen Inhalts und Kindersendungen. Die absichtliche Darstellung bestimmter Produkte, Marken oder ähnliches zu Werbezwecken ist aber grundsätzlich zulässig, wenn insbesondere drei Voraussetzungen des § 8 Abs. 7 S. 2 Nr. 1–3 MStV vorliegen: Es muss die redaktionelle Unabhängigkeit gewahrt bleiben, die Produktplatzierung darf nicht unmittelbar zum Kauf auffordern und das Produkt darf nicht zu stark herausgestellt werden. Die Beurteilung von Produktplatzierung ist schwierig und die Grenzen sind fließend. Das zeigt besonders nachfolgendes Beispiel:

> **Beispiel Produktplatzierung**
>
> Während des UEFA-Europe-League-Finales im Mai 2011 schaltete der Sender Sat1 zwei Mal live in das „Hasseröder Männer-Camp", in dem Fußballexperte Reiner Calmund interviewt wurde, während neben ihm vier Männer zu sehen waren, die Sweatshirts mit dem Aufdruck der Brauerei trugen und an einem Tisch mit gefüllten Biergläsern standen. Während der zweiten Schalte stand eine Flasche Bier vor Reiner Calmund. In den knapp zwei Minuten Schalte wurde der Name „Hasseröder" 2–3 Mal erwähnt. Das Oberverwaltungsgericht Koblenz (OVG) wertete dies als unzulässige Produktplatzierung. Ausgangslage war die Abgrenzung zur unterschwelligen Beeinflussung, wenn der Veranstalter die Integration des Produkts absichtlich zu Werbezwecken vorsieht und mangels Kennzeichnung den Zuschauer irreführt. Dabei kam es nicht darauf an, ob es klar erkennbar war oder nicht. Es ging nur darum, ob es eine Werbeabsicht gab oder nicht.

Interessant ist, dass im Jahre 2014 das Bundesverwaltungsgericht entschied, dass alles noch im gesetzlichen Rahmen war. Nach Auffassung des BVerwG hatten die Interviews überwiegend das Fußballspiel zum Gegenstand. Das Bier sei im Rahmen der Kameraführung nicht künstlich in den Vordergrund gerückt worden. Und „das Zeigen einer geselligen Zusammenkunft von Menschen zur gemeinsamen Verfolgung eines Fußballspiels bildet in einer Fußballsendung keinen Fremdkörper. Außerdem würden die Zuschauer eines Fußballspiels sowieso mit sehr viel Werbung konfrontiert". Kurzum: Fußball und Geselligkeit gehören ebenso zusammen wie Fußball und Werbung.

**Sponsoring**

Anders als bei der Produktplatzierung wird beim Sponsoring kein werbendes Element in die Sendung integriert, also zum Beispiel ein Produkt durch den Influencer direkt angepriesen. Sponsoring liegt immer dann vor, wenn ein Dritter (Sponsor) vertraglich vereinbart entgeltlich oder ähnlich eine Sendung unterstützt. Das Sponsoring dient der Unterstützung des gesamten Inhaltes an sich, um die Marke des auftraggebenden Unternehmens zum Beispiel bei einer bestimmten Zielgruppe, die der Influencer bedient, bekannter zu machen.

> **Definition Sponsoring**
>
> Der Begriff wird im Medienstaatsvertrag § 2 Abs. 2 Nr. 10 MStV geregelt: *„Sponsoring ist jeder Beitrag einer natürlichen oder juristischen Person oder einer Personenvereinigung, die an Rundfunktätigkeiten der Bereitstellung von rundfunkähnlichen Telemedien oder Video-Sharing-Diensten oder an der Produktion audiovisueller Werke nicht beteiligt ist, zur direkten oder indirekten Finanzierung von Rundfunkprogrammen, rundfunkähnlichen Telemedien, Video-Sharing-Diensten, nutzergenierten Videos oder einer Sendung, um den Namen, die Marke, das Erscheinungsbild der Person oder Personenvereinigung, ihre Tätigkeit oder ihre Leistungen zu fördern."*

Sponsoring ist in der Influencer-Marketing-Branche nicht sehr weit verbreitet, da der Werbeeffekt nicht unmittelbar ist, wie bei der Produktplatzierung, also die Hervorhebung eines einzelnen Produktes. Das hat auch damit zu tun, dass die Nennung der Marke oder des Unternehmens durch die Sehgewohnheiten im Internet oftmals untergehen, denn die Beiträge werden oftmals nicht von Anfang bis Ende angesehen. Der Hinweis auf die Finanzierung durch den Sponsor hat gemäß § 10 Abs. 1 MStV *„zu Beginn oder am Ende in vertretbarer Kürze und in angemessener Weise zu erfolgen"*. Der Zuschauer muss grundsätzlich dazu in der Lage sein, den Sponsor der Sendung anhand des Hinweises zu identifizieren. Ein gutes Beispiel für medienrechtlich zulässiges Sponsoring findet sich im Wetter-Sponsoring. So wird beispielsweise der ZDF-Wetterbericht von der eigentlichen Nachrichtensendung abgegrenzt und zwar mit einer einleitenden und abschließenden Nennung des Unternehmens unterstützt.

### 3.1.4 Impressumspflicht

Schon im „alten" Rundfunkstaatsvertrag gab es allgemeine Vorschriften zur Informationspflicht für Telemedien (§ 55 RStV), die sich auch im Medienstaatsvertrag wiederfinden. Alle Webseiten und Medien, die journalistisch-redaktionelle Inhalte anbieten – also nicht ausschließlich persönlichen oder familiären Zwecken dienen – müssen einen inhaltlich Verantwortlichen angeben. Die Pflicht findet sich in § 18 MStV:

---

**Pflichtangaben von Telemedien nach § 18 MStV**

*Anbieter von Telemedien, die nicht ausschließlich persönlichen oder familiären Zwecken dienen, haben folgende Informationen leicht erkennbar, unmittelbar erreichbar und ständig verfügbar zu halten:*

1. *Name und Anschrift sowie*
2. *bei juristischen Personen auch Name und Anschrift des Vertretungsberechtigten.*

---

Wichtig ist zu beachten, dass in § 18 Abs. 2 MStV zusätzlich der Verantwortliche seinen ständigen Aufenthalt in Deutschland haben muss, unbeschränkt geschäftsfähig ist und unbeschränkt strafrechtlich verfolgt werden kann.

Die Pflicht der Angabe eines korrekten Impressums ist deshalb besonders wichtig, um vor Abmahnungen durch darauf spezialisierte Anwaltskanzleien geschützt zu sein. Es kommt immer wieder vor, das Influencer wegen kleinster formaler Fehler überzogene Abmahnschreiben und Unterlassungserklärungen erhalten. Auf der sicheren Seite befindet sich derjenige, der diese Angaben unter Bezug auf die Vorschriften sorgfältig aufführt.

## 3.2 Telemedienrecht

### 3.2.1 Das Telemediengesetz und seine Inhalte

Wegen der etwas schwierigen Abgrenzung zwischen Rundfunk und Telemedien wollen wir noch einmal auf die Definition eingehen. Die Abgrenzung, das Rundfunk für „die Allgemeinheit bestimmt ist", während Sendungen auf Abruf an „jeden Beliebigen" übermittelt werden und Sendungen auf Zugriff „jedermann" jederzeit zugänglich sind, ist nicht nur unwesentlich, sondern zeigt die Herausforderung für den Gesetzgeber, den Rundfunkbegriff zu den künftigen technischen Möglichkeiten in Bezug zu setzen. Neben dem Medienstaatsvertrag regelt das Zusammenspiel von Telemediendiensten, die im Internet Leistungen anbieten, das Telemediengesetz. Hier finden sich auch spezielle Vorschriften für die Kennzeichnung von Werbung.

> **Definition Telemedien**
>
> *Telemedien sind nach § 1 Telemediengesetz (TMG) alle elektronischen Informations- und Kommunikationsdienste, die weder Rundfunk noch reine Telekommunikationsdienste nach dem Telekommunikationsgesetz (TKG) sind.*

Diese Definition trifft auf alle Online-Angebote zu, die über das Internet abrufbar sind und sich als kostenloses oder kostenpflichtiges Medienprodukt für eine bestimmte Zielgruppe definieren lässt. Social-Media-Angebote von Influencern sind damit Telemedien.

Wie schon im Medienstaatsvertrag finden sich auch im Telemediengesetz Normen zur Erkennbarkeit von Werbung. Im § 6 Abs. 1 Nr. 1 TMG sind besondere Pflichten bei kommerzieller Kommunikation als Voraussetzungen genannt. Für Influencer ist der Absatz, Nr. 1 wichtig: „Kommerzielle Kommunikation muss als solche zu erkennen sein" und in Nr. 2: „Die natürliche oder juristische Person, in deren Auftrag kommerzielle Kommunikationen erfolgen, muss klar identifizierbar sein." Das heißt Trennung der Werbung vom übrigen Inhalt, was dem allgemeinen werberechtlichen Trennungsprinzip entspricht.

## 3.2.2 Impressumspflicht

Wie schon in der Impressumspflicht in § 18 Abs. 2 MStV, gibt es auch im Telemediengesetz in § 5 Allgemeine Informationspflichten. Demnach muss der Name, die Anschrift und eine Möglichkeit der elektronischen Kontaktaufnahme vom Anbieter, also dem Influencer, vorgehalten werden. Es bietet sich für Influencer an, auch den § 5 TMG im Impressum zu erwähnen, um sich vor unseriösen Abmahnungen ausreichend zu schützen.

## 3.3 Wettbewerbsrecht

### 3.3.1 Das Gesetz gegen den unlauteren Wettbewerb und seine Inhalte

Da Influencer Marketing per se ein wirtschaftliches Interesse verfolgt, sind die in diesem Zusammenhang gestalteten Beiträge rechtlich als geschäftliche Handlungen und als kommerzielle Kommunikation einzuordnen. Beide Begriffe umfassen die gleichen Kriterien. Neben Werbung treffen sie auch auf jede geschäftsmäßige Selbstdarstellung zu. Das Gesetz gegen den unlauteren Wettbewerb (UWG) regelt einige konkrete Unlauterkeitstatbestände, bei deren Vorliegen eine geschäftliche Handlung als unzulässig und damit verboten gilt, wenn der Zweck der Handlung nicht kenntlich gemacht wird. Diese sehr allgemeine Zielsetzung kann auch auf die fehlende Kennzeichnung von Werbung zutreffen.

> **Definition geschäftliche Handlung nach § 2 Abs. 1 Nr. 1 UWG** „Geschäftlichen Handlung" meint *jedes Verhalten einer Person zugunsten des eigenen oder eines fremden Unternehmens vor, bei oder nach einem Geschäftsabschluss, dass mit der Förderung des Absatzes oder des Bezugs von Waren oder Dienstleistungen oder mit dem Abschluss oder der Durchführung eines Vertrags über Waren oder Dienstleistungen objektiv zusammenhängt.*

Der Begriff umfasst auch Maßnahmen gegenüber Unternehmern und sonstigen Marktteilnehmern (§ 2 Abs. 2 UWG) sowie Verhaltensweisen, die sich unmittelbar gegen Mitbewerber (§ 2 Abs. 3 UWG) richten. Es geht also um Handlungen Dritter (Verhaltensweisen) zur Förderung des Absatzes oder Bezug zu einem fremden Unternehmen, die nicht im Namen oder Auftrag des Unternehmens handeln. Oder anders gesagt: Wenn ein Influencer Modemarken (Dritter) präsentiert (Förderung des Absatzes), mit denen er keinen Vertrag hat. Diese Abgrenzung ist dann genau zu prüfen, wenn ein Influencer sehr viele Follower hat und ein Beitrag genügen würde, um den Absatz von Unternehmen anzukurbeln.

Zwei weitere Normen aus dem UWG regeln die „Irreführenden geschäftlichen Handlungen". § 5 UWG schützt Verbraucher davor ohne „Vorwarnung" in Form einer Kennzeichnung ein Produkt zu kaufen. Dabei gibt der Gesetzgeber in § 5a Abs. 6 UWG explizit vor, das kommerzielle Zwecke, sprich Werbung, gekennzeichnet werden muss.

> **Definition Irreführende geschäftliche Handlungen nach § 5 Abs. 1 UWG**
>
> *Unlauter handelt, wer eine irreführende geschäftliche Handlung vornimmt, die geeignet ist, den Verbraucher oder sonstigen Marktteilnehmer zu einer geschäftlichen Entscheidung zu veranlassen, die er andernfalls nicht getroffen hätte.*
> **§ 5a Abs. 6 UWG: Irreführung durch Unterlassen:** *Unlauter handelt auch, wer den kommerziellen Zweck einer geschäftlichen Handlung nicht kenntlich macht, sofern sich dieser nicht unmittelbar aus den Umständen ergibt, und das Nichtkenntlichmachen geeignet ist, den Verbraucher zu einer geschäftlichen Entscheidung zu veranlassen, die er andernfalls nicht getroffen hätte.*

### 3.3.2 Neues aus der Rechtsprechung

Als prominentes und letztlich wegweisendes Beispiel soll der **Fall von Cathy Hummels** erläutert werden. Die Influencerin zeigte in ihren Beiträgen Modeprodukte, die mit sogenannten Tap Tags versehen waren ohne dies als Werbung zu kennzeichnen. Tap Tags sind Markierungen in Instagram-Posts, die der Nutzer antippen kann und so auf die Seite des entsprechenden Unternehmens oder die Marke gelangt. Der „Verband Sozialer Wettbewerb" hatte auf Unterlassung wegen Schleichwerbung und einem damit einhergehenden Verstoß gegen § 5a Abs. 6 UWG, geklagt. Der Rechtsstreit zog sich einige Zeit hin und landete final beim Bundesgerichtshof (BGH). Dieser sah den Tatbestand aber nicht erfüllt. Zunächst stellten die Richter des BGH fest, dass die streitigen Beiträge durchaus geschäftliche Handlungen zugunsten des eigenen und auf jeden Fall des fremden Unternehmens im Sinne des § 2 Abs. 1 Nr. 1 UWG darstellen. Denn es kann davon ausgegangen werden, dass solche Beiträge künftig eine Zusammenarbeit zwischen dem Unternehmen und Cathy Hummels begünstigt. Da es aber zu keiner Gegenleistung kam, ist es zwar eine geschäftliche Handlung, aber es ergab sich kein direkter kommerzieller Zweck, sodass auch kein Verstoß gegen § 5a Abs. 6 UWG, also Irreführung durch Unterlassung, angenommen werden kann.

Der Bundesgerichtshof (BGH) stellte aber auch nochmals prinzipiell fest, dass nach § 22 Abs. 1 Satz 1 MStV „Werbung als solche klar erkennbar und vom übrigen Inhalt der Angebote eindeutig getrennt sein muss". Und weiter, dass nach § 6 Abs. 1 Nr. 1 TMG „kommerzielle Kommunikation klar als solche zu erkennen sein muss". Aber die monierten Posts von Cathy Hummels stellen keine Werbung im Sinne dieser Vorschriften dar, weil eben keine Gegenleistung erfolgt ist. In der Urteilsbegründung führte der BGH schlussendlich aus, dass „allein der Umstand, dass Bilder, auf denen das Produkt abgebildet ist, mit „Tap Tags" versehen sind, für die Annahme eines solchen werblichen Überschusses nicht ausreicht." (BGH Pressestelle, Mitteilung Nr. 170/2021 zum Urteil vom 09.09.2021, I ZR 90/20 – Influencer I).

Allerdings macht der Bundesgerichtshof auch deutlich, dass es bei der Bewertung, ob Werbung in einem Beitrag enthalten ist oder nicht, stets auf eine umfassende Beurteilung der Einzelumstände ankomme. Branchenverbände begrüßten grundsätzlich das BGH-Urteil, weil es nun mehr Rechtssicherheit für Influencer und Transparenz für Verbraucher bringt.

> **Fazit:** Wenn es für das Tätigwerden eines Influencers zu **keiner** Gegenleistung vom Auftraggeber – in welcher Form auch immer – kommt, dann wird es nicht als Werbung deklariert und es entfällt damit die Kennzeichnungspflicht.

### 3.3.3 Änderung des Gesetzes gegen den unlauteren Wettbewerb

Seit einigen Jahren wird schon darüber diskutiert, ob und in welcher Form Instagram-Posts als Werbung zu kennzeichnen sind. Es gibt inzwischen zahlreiche Gerichtsentscheidungen, wie der gerade beschriebene Fall der Influencerin Cathy Hummels, die sich im Urteil aber oft mit den geltenden Gesetzen schwertun. Darauf hat das Bundesjustizministerium reagiert und in die Novelle des Gesetzes gegen den unlauteren Wettbewerb (UWG), insbesondere den § 5 a UWG, Regelungen integriert, die die Rechtslage ab dem 28.05.2022 besser klären sollen.

Bis dahin galt grundsätzlich, dass Beiträge gekennzeichnet werden müssen, sollten sie in irgendeiner Art und Weise werbliche Elemente enthalten oder Produkte präsentiert werden, wenn eine geschäftliche Handlung und ein kommerzieller Zweck vorliegen. Wann aber ein kommerzieller Zweck vorliegt, darauf wird bisher nicht genauer eingegangen. Das bis 28. Mai 2022 geltende Gesetz (§ 5a Abs. 6 UWG) lautete wie folgt:

> „Unlauter handelt auch, wer den kommerziellen Zweck einer geschäftlichen Handlung nicht kenntlich macht, sofern sich dieser nicht unmittelbar aus den Umständen ergibt, und das Nichtkenntlichmachen geeignet ist, den Verbraucher zu einer geschäftlichen Entscheidung zu veranlassen, die er andernfalls nicht getroffen hätte"

Der Gesetzgeber hat diesen Absatz 6 nunmehr gestrichen und den Absatz 4 Satz 1–3 modifiziert:

*Satz 1: Unlauter handelt auch, wer den kommerziellen Zweck einer geschäftlichen Handlung nicht kenntlich macht, sofern sich dieser nicht unmittelbar aus den Umständen ergibt, und das Nichtkenntlichmachen geeignet ist, den Verbraucher oder sonstigen Marktteilnehmer zu einer geschäftlichen Entscheidung zu veranlassen, die er andernfalls nicht getroffen hätte. Satz 2: Ein kommerzieller Zweck liegt bei einer Handlung zugunsten eines fremden Unternehmens nicht vor, wenn der Handelnde kein Entgelt oder keine ähnliche Gegenleistung für die Handlung von dem fremden Unternehmen erhält oder sich versprechen lässt. Satz 3: Der Erhalt oder das Versprechen einer Gegenleistung wird vermutet, es sei denn der Handelnde macht glaubhaft, dass er eine solche nicht erhalten hat.* Im Satz heißt es also sinngemäß: Wenn der Influencer also keine Gegenleistung, sei es finanziell oder in anderer Form, erhält, ist er nicht verpflichtet zu kennzeichnen. Damit schafft der Gesetzgeber einen Ausnahmetatbestand von der geltenden Kennzeichnungspflicht für Werbung in Beiträgen.

Wenn allerdings eine Gegenleistung, in welcher Form auch immer, vermutet wird, so muss der Influencer auf Nachfrage glaubhaft machen können, dass er keine derartige bekommen hat.

## 3.4 Jugendmedienschutzrecht

### 3.4.1 Der Jugendmedienschutzstaatsvertrag und seine Inhalte

Soziale Medien spielen eine zentrale Rolle im Medienrepertoire von Kindern und Jugendlichen, um sich zu informieren, zu unterhalten oder sich selbst zu inszenieren und ihre eigenen Freundschaftsnetzwerke aufzubauen und zu festigen. Zu diesen Freundschaftsnetzwerken gehören immer öfter auch Influencer, die als glaubwürdige Ratgeber in unterschiedlichen Themenfeldern gelten, sich darin teils deutlich von klassischer Werbung und Marken unterscheiden und in der Lage sind, ihre Netzprominenz zu Geld zu machen. Der Gesetzgeber sieht hierbei das Problem, dass Kinder und Jugendliche zum Nachahmungseffekt, Schönheitswahn, usw. neigen.

Richtet sich also ein Influencer in seinem YouTube- oder Instagram-Kanal mit seinem Angebot auch an Kinder und Jugendliche, sind laut des Staatsvertrags über den Schutz der Menschenwürde und den Jugendschutz in Rundfunk und Telemedien (Jugendmedienschutz-Staatsvertrag – JMStV) besondere Vorgaben zu beachten.

> **§ 6 JMStV heißt es unter anderem**
>
> *„Werbung für indizierte Angebote ist nur unter den Bedingungen zulässig, die auch für die Verbreitung des Angebotes selbst gelten."*

Sowohl als Zielgruppe als auch als Werbeträger erscheinen Kinder werberechtlich ungeeignet und bedürfen eines besonderen Schutzes.

Daher ist nach Absatz 1 *Werbung für indizierte Angebote ist unter den Bedingungen zulässig, die auch für die Verbreitung des Angebotes selbst gelten. Gleiches gilt für Werbung für Angebote nach § 4 Abs. 1.* Der Satz 3 und 4 geht auf Jugendgefährdung durch Medien nach § 18 des Jugendschutzgesetzes ein. *Sie darf nicht zum Zwecke der Werbung verbreitet oder zugänglich gemacht werden.* Und weiter *darf bei Werbung nicht darauf hingewiesen werden, dass ein Verfahren zur Aufnahme eines Angebotes oder eines inhaltsgleichen Trägermediums in die Liste nach § 18 des Jugendschutzgesetzes anhängig ist oder gewesen ist.*

Nach Absatz 2 *darf Werbung Kinder und Jugendliche weder körperlich noch seelisch beeinträchtigen, darüber hinaus darf sie nicht*

1. *direkte Aufrufe zum Kaufen oder Mieten von Waren oder Dienstleistungen an Kinder oder Jugendliche enthalten, die deren Unerfahrenheit und Leichtgläubigkeit ausnutzen,*
2. *Kinder oder Jugendliche unmittelbar auffordern, ihre Eltern oder Dritte zum Kauf der beworbenen Waren oder Dienstleistungen zu bewegen,*
3. *das besondere Vertrauen ausnutzen, dass Kinder oder Jugendliche zu Eltern, Lehrern und anderen Personen haben, oder*
4. *Kinder oder Jugendliche ohne berechtigten Grund in gefährlichen Situationen zeigen.*

### 3.4.2 Jugendliche und Werbegefahr

Vor allem junge Influencer, denen es häufig selbst an einer gewissen Reife und Reflexionsfähigkeit fehlt, sind eine Gefahr für Kinder und Jugendliche. Zu groß ist oftmals die Identifikation mit den Influencern, die ihr Gedankengut mit jungen Menschen teilen und durch ihre Vorbildstellung beeinflussen können.

Werbung darf Kinder und Jugendliche nicht direkt zum Kaufen oder Mieten von Waren oder Dienstleistungen aufrufen, um deren Unerfahrenheit oder Leichtgläubigkeit ausnutzen. Das heißt, wenn Werbung geeignet ist, die Entwicklung von Kindern und Jugendlichen zu einer eigenverantwortlichen und gemeinschaftsfähigen Persönlichkeit zu beeinträchtigen, muss diese von den Angeboten getrennt erfolgen.

Das gilt auch, wenn Kinder und Jugendliche als Darsteller eingesetzt werden, denn das könnte die Unerfahrenheit in der Einschätzung ausnutzen. Selbstredend ist das Bewerben von alkoholischen Getränken untersagt und das übermäßige Anbieten von Lebensmittel, die viel Fett, Salz, Zucker usw. enthalten und damit den Kindern und Jugendlichen schaden könnten. Zudem sind direkte Kaufappelle und alle unmittelbaren Aufforderungen zum entgeltlichen Erwerb bzw. zur Miete von Waren oder Dienstleistungen untersagt, welche durch Worte, Gesten oder sonstige Darstellungen dem Verbraucher übermittelt werden. Formulierungen wie zum Beispiel „Hallo, probiere das doch mal aus!", die in einem Beitrag vorkommen, wo gerade ein Kinderspielzeug zusammengebaut wird, sind zu unterlassen. Kinder sollen eigentlich prinzipiell aus der Werbung herausgehalten werden.

## 3.5 Leitfaden der Landesmedienanstalten

### 3.5.1 Bedeutung und Inhalte

Für die medienrechtliche Aufsicht über werbliche Inhalte im Rundfunk, sind seit etwa 30 Jahren die Landesmedienanstalten zuständig. Ausgehend von der Kompetenzordnung des Grundgesetzes, nach der die Medien eine Angelegenheit der Länder sind, ist auch die behördliche Aufsicht in Deutschland föderal organisiert. In sechzehn Bundesländern agieren vierzehn Landesmedienanstalten, da Berlin und Brandenburg sowie Hamburg und Schleswig-Holstein jeweils eine gemeinsame Medienanstalt haben. Grundlage ihrer Arbeit ist der Medienstaatsvertrag, der Jugendmedienschutz-Staatsvertrag und die jeweiligen Landesmediengesetze. Darüber hinaus richten sich die Landesmedienanstalten nach einer Vielzahl weiterer Gesetze, Richtlinien (zum Beispiel die ARD- und ZDF-Fernsehrichtlinien) und Satzungen, die für ihre Arbeit eine Rolle spielen.

Mit der Konvergenz der Medien verändert sich auch das Tätigkeitsfeld der Behörden. Faktisch sind die Medienanstalten in vielen Rechtsbereichen eine Art Aufsichtsbehörde für das Internet geworden. So sind die Medienanstalten seit über zehn Jahren beispielsweise für den Jugendmedienschutz im Internet zuständig oder auch für das Impressum von Anbietern im Netz. Als zuständige Instanz für medienrechtliche Beanstandungen im Internet beobachten die Medienanstalten das werbliche Auftreten der Influencer mit kritischem Blick. Durch die zunehmende Professionalisierung des Influencer Marketings entstand in der Branche immer mehr das Bedürfnis nach einer Orientierungshilfe in Werbekennzeichnungsfragen. Der Leitfaden der Medienanstalten zur Werbekennzeichnung bei Online-Medien bildet eine gute Zusammenfassung was erlaubt und verboten ist, wenn man in den sozialen Netzwerken professionell tätig sein möchte. Die Kennzeichnungsmatrix mit der auf den ersten Blick erkennbar ist, ob, wie und wo für die jeweilige Werbung eines Produkts eine Kennzeichnung zu erfolgen hat ist hilfreich und übersichtlich. Daneben finden sich wichtige Begriffe und Abgrenzungsfälle.

https://www.die-medienanstalten.de/service/rechtsgrundlagen/richtlinien

### 3.5.2 Rechtliche Verbindlichkeit des Leitfadens?

Die Landesmedienanstalten sind befugt, bei medienrechtlichen Verstößen ein Aufsichtsverfahren einzuleiten und sogar Bußgelder zu verhängen. Damit kann es mitunter zu einer konkurrierenden Zuständigkeit zwischen den Gerichten und Landesmedienanstalten kommen. Einerseits sichern deren Empfehlungen die Rechtskonformität mit den Regelungen des Wettbewerbsrechts zu und dienen Rechtsanwendern als Handlungsanweisung, aber sie tragen dennoch den Stempel der Vermutungswirkung. Andererseits stellt sich die Frage, ob für die Gerichte als Judikative der Leitfaden als verbindlich anzusehen ist oder nicht.

**Was Sie aus diesem Kapitel mitnehmen**
Der Medienstaatsvertrag regelt die Rechte und Pflichten aller Medienanbieter in Deutschland und hat insbesondere die sozialen Medien im Fokus. Hier wird auch auf die Kennzeichnung von Werbung in Abgrenzung zu redaktionellen Inhalten eingegangen. Rechtliche

Grenzen für Werbung ergeben sich in erster Linie aus dem Medienstaatsvertrag und ergänzend aus dem Gesetz gegen den unlauteren Wettbewerb (UWG), insbesondere sämtlicher Aspekte, die eng mit der Irreführung von Nutzern zusammenhängen. Eine weitere Rechtsgrundlage ist das Telemediengesetz (TMG), welches für einige Internetsachverhalte herangezogen wird.

> **Ihr Transfer in die Praxis**
> - Sobald sich der Influencer bzw. Nutzer in sozialen Netzwerken bewegt und eigene Inhalte einstellt, ist er Teil der Öffentlichkeit. Wenn er also etwas „erschafft" und damit Aufmerksamkeit kreiert, ist der Influencer verpflichtet, sich an die aufgeführten Gesetze zu halten.
> - Influencer Marketing ist als Werbung nach verschiedenen gesetzlichen Vorgaben kennzeichnungspflichtig. Es gibt dafür medienrechtliche, rundfunkrechtliche und wettbewerbsrechtliche Vorgaben.

# 4
# Was Influencer beachten müssen

> **Was Sie aus diesem Kapitel mitnehmen**
>
> - Wann gilt Werbung als Werbung und ist damit kennzeichnungspflichtig
> - Überblick der rechtlichen Vorgaben – einfach erklärt
> - Anhand von Fallbeispiele werden die Konsequenzen erläutert
> - Was Influencer rechtlich beachten müssen, wenn sie Produkte bewerben
> - Praktische Tipps von den Landesmedienanstalten
> - Hinweis auf sonstige Gesetze und Vorschriften für Influencer

Nachdem wir uns im letzten Kapitel mit den entsprechenden Gesetzen befasst haben, wollen wir uns nachfolgend die praxisbezogene Bedeutung für Influencer Marketing ansehen. Daher verzichten wir auch soweit wie möglich auf die Nennung von Paragraphen oder zitieren die genauen Gesetzestexte.

Im Grunde gelten die Tipps und Hinweise auch für Unternehmen, welche Influencer Marketing beauftragen oder für Agenturen, die Influencer im Sinne des Rechtes vertreten, wenn diese zum Beispiel nicht mit ihrem richtigen Namen, sondern dem Künstlernamen in

Erscheinung treten möchte. Der Einfachheit halber gehen wir aber in diesem Kapitel immer vom Influencer als „Verursacher" aus, ohne dass das eine Wertung ist oder die Verschiebung von Verantwortung sein soll.

Zunächst fassen wir noch mal die grundsätzlich geltenden „Regeln" aus Sicht des Influencer zusammen.

## 4.1 Unter welchen Voraussetzungen ist es Werbung?

Wenn Influencer aus ihrem Alltag berichten, dann sind sie „nur" journalistisch tätig. Oft fällt es aber schwer, Beiträge mit objektiver Berichterstattung von denen mit rein werblichem Charakter zu unterscheiden. Bei der Gestaltung von Influencer Posts spielen die Verhinderung von Schleichwerbung und zulässige Werbekennzeichnungen aber eine entscheidende Rolle. Denn daraus ergeben sich Vorschriften, an die sich der Influencer zu halten hat. Oder anders gesagt: Wann ist Werbung denn Werbung?

Bei der sogenannten Schleichwerbung handelt es sich ungeachtet des Wortbestandteils „Werbung" nicht um Werbung, sondern den Tatbestand der nicht als werblich gekennzeichneten Erwähnung oder Darstellung von Waren oder Dienstleistungen, wenn sie absichtlich zu Werbezwecken in einem Beitrag erscheinen. Das heißt, wenn der Influencer Werbung für das Produkt machen möchte, dann muss das für den Nutzer klar ersichtlich sein. Sonst ist es Schleichwerbung und die ist verboten.

Für Produktplatzierungen gibt es verschiedene Grundvoraussetzungen. Bei vom Influencer selbst gekauften Produkten gibt es keine Kennzeichnungspflicht. Hat ein Unternehmen die Produkte unaufgefordert zugeschickt und erwartet als Gegenleistung eine Werbetätigkeit, dann muss die Produktplatzierung gekennzeichnet werden. Wenn der Influencer für die Präsentation und der damit verbundenen Werbung vergütet wird, dann ist die Kennzeichnung ebenso Pflicht.

Nachfolgend erläutern wir konkret, welche medienrechtlichen Umstände im Hinblick auf Werbung für Influencer Marketing in Frage kommen kann.

## 4.1.1 Medienrechtliche Definition

Die Regelungen ergeben sich aus dem Medienstaatsvertrag, wonach grundsätzlich „jede Handlung, die gegen Entgelt oder ähnliche Gegenleistung" über eine Plattform wie zum Beispiel YouTube gesendet wird als Werbung definiert wird. Das heißt, alles was ein Influencer in Wort und Bild sagt, kann bereits als Werbung aufgefasst werden. Alles was einem kommerziellen Zweck dient oder wenn für den Influencer im Vordergrund steht, für die Werbetätigkeit eine Gegenleistung zu bekommen. Der Gesetzgeber möchte aber, dass die Fangemeinde erkennen kann, ob es sich um die eigene Meinung des Influencer handelt oder ob er „nur" über das Produkt spricht, weil er dafür bezahlt wird. Daher ist es ganz wichtig, dass der werbliche Teil, also die entsprechende Stelle im Foto oder Video vom restlichen Inhalt getrennt werden und zwar optisch und akustisch. Wie der Influencer das gestalten könnte, sehen wir uns später an.

Nicht alle Beiträge von Influencern bestehen aus Text wie Blogs oder Fotos. Viele sind Videos, sprich audiovisuell gestaltet und gelten damit als sogenannte fernsehähnliche Medien. Das scheint zunächst irreführend, denn Online-Angebote sind über das Internet abrufbar, also nicht über Fernsehen oder Hörfunk. Daher heißen sie Telemedien und haben sogar ihr „eigenes" Gesetz, nämlich das Telemediengesetz. Die dortigen Rechtsvorschriften treffen also auf die Tätigkeiten von Influencer zu und daher müssen die Regelungen zur Werbung, nämlich das oben beschriebene Trennungsprinzip, ebenfalls beachtet werden. Im Telemediengesetz wird darauf hingewiesen, dass „kommerzielle Kommunikation als solche erkennbar sein muss". Folglich muss der werbliche Anteil vom restlichen Teil des Beitrages getrennt werden.

## 4.1.2 Wettbewerbsrechtliche Definition

Wir haben also festgestellt, dass Beiträge von Influencer mitunter zu kennzeichnen und damit vom restlichen Inhalt zu trennen sind, wenn sie die Absicht haben damit Geld zu verdienen. Ganz schlaue Influencer tarnen dann die Posts als journalistische Beiträge, so dass sie in der

Aufmachung auf eine neutrale und unabhängige Berichterstattung hindeuten. Die Krux ist, dass soziale Netzwerke zwar auch dazu dienen, journalistisch zu publizieren und Plattformen wie Facebook, Twitter oder YouTube verbreiten durchaus reine Nachrichten oder die Social-Media-Kanäle von großen Tageszeitungen oder derer von öffentlich-rechtlichen Fernsehsender, bringen ausschließlich redaktionelle Beiträge. Der Gesetzgeber möchte aber, dass der Verbraucher vor einer unkritischen Haltung gegenüber dem Produkt bewahrt wird und darum muss erkennbar sein, ob und wo der Beitrag eines Influencers als Werbung und Verkaufsförderung einzuordnen ist oder rein redaktionellen Inhalt hat.

Mit Influencer Marketing soll vor allem Geld verdient werden, es wird also ein wirtschaftliches Interesse vorausgesetzt. Damit unterliegt es neben den medienrechtlichen Vorschriften auch dem Gesetz gegen den unlauteren Wettbewerb. Grundlage ist die sogenannte „Geschäftliche Handlung", wenn das Verhalten eines Influencers von einer Gewinnerzielungsabsicht für ihn selber oder die Förderung des Absatzes der Waren für ein Unternehmen ersichtlich ist. Sprich der Influencer bekommt eine Vergütung in Form von Geld oder Sachleistungen, damit Produkte oder Dienstleistungen verkauft oder angepriesen werden. Als Indizien gelten für die Gerichte eine große Fangemeinde, also mehr als 50.000 Follower sowie der gesamte Auftritt und das Image auf den Social-Media-Kanälen, wenn zwischen privat und gewerblich motivierten Posts keine richtige Trennlinie ist.

Wenn also das Verhalten eines Influencers eine geschäftliche Handlung ist, dann kann es nur dann zu juristischen Problemen kommen, wenn diese geschäftliche Handlung laut Gesetzestext „unlauter" ist, sprich ein unfaires oder unehrliches Verhalten hinterlegt ist. Leider fehlt für diese Einordnung eine allgemeine Definition im Gesetz gegen den unlauteren Wettbewerb. Aber es werden einige Tatbestände genannt, wonach das erlaubte vom unerlaubten abgrenzbar ist. Einfach gesagt: Wenn ein Influencer seine Community in die Irre führt, in dem er verkündet, dass ein Produkt großartig ist und dieser Influencer hat gar keinen Vertrag mit dem Unternehmen, dann agiert er zwar nicht in deren Namen, sorgt aber dennoch dafür, dass der Umsatz der Marke hochgetrieben wird, in dem seine Follower zum Kauf animiert werden.

Gleiches gilt für gegen Entgelt geschriebene Produktbewertungen oder „Gefällt mir"-Bekundungen, sogenannte Fake-Bewertungen. Hier liegt auch Werbung vor, wenn Influencer die Werbung als unbefangene, private oder wissenschaftliche Äußerung in einem Kommentar oder Blogeintrag tarnen. Im Übrigen kommt es nicht auf die Länge des Textes oder die Art des Mediums, in dem der Beitrag veröffentlicht wird an, um diesen als redaktionellen Inhalt einzuordnen.

## 4.1.3 Wann es keine „echte" Werbung ist

Das Prinzip ist klar: Influencer verdienen Geld, wenn sie für Produkte über ihre Social-Media-Kanäle Werbung machen. Je höher ihre Reichweite, je mehr profitieren sie davon und Markenunternehmen machen sich das zunutze. Wenn die Produktpräsentationen in den Beiträgen der Influencer wie eine persönliche Empfehlung wirken und die Werbung nicht gekennzeichnet wird, dann ist das qua Gesetz eine Täuschung des Verbrauchers durch Nichtkenntlichmachung. Der kommerzielle Zweck muss auf den ersten Blick und vor allem deutlich erkennbar sein. Der Gesetzgeber möchte das die Nutzer wissen, dass es sich hier um eine bezahlte Werbepartnerschaft handelt. Einige Influencer waren mittlerweile so unsicher, dass sie dann einfach alles als Werbung gekennzeichnet haben sobald eine Marke im Bild war, auch wenn es ein „normaler" Beitrag war, der nur Informationen weitergibt. Durch dieses Übermaß ist es für Nutzer nicht mehr möglich zu erkennen, welcher Teil Werbung ist. Und zu mehr Transparenz gegenüber dem Verbraucher hat dies auch nicht geführt.

Im Fall der Influencerin Cathy Hummels, auf den wir schon im 3. Kapitel eingegangen sind, musste im Jahr 2021 der Bundesgerichtshof entscheiden, ob es sich auch bei der bloßen Verlinkung von Firmen, um einen kommerziellen Zweck handelt. Immerhin besteht die Möglichkeit, dass diese Verlinkung von Influencer nur vorgenommen wird, um für mögliche spätere Kooperationen auf sich aufmerksam zu machen. Der BGH entschied, dass es sich bei der reinen Verlinkung nicht um Werbung handelt. Dieses Urteil hat auf Seiten der Influencer und Unternehmen ein Stück Rechtssicherheit gebracht, denn sobald ein

Beitrag sich nicht als übertrieben werblich darstellt, müssen Influencer nicht befürchten gleich eine Abmahnung wegen Schleichwerbung zu bekommen. Allerdings muss der Influencer im Zweifel beweisen, dass diese Ausnahme von der Kennzeichnung vorliegt, indem er sich das vom betreffenden Unternehmen bestätigen lässt, dass er keine Gegenleistung erhalten hat.

## 4.2 Fallbeispiele und praktische Tipps

Die nachfolgenden Beispiele sollen einmal mehr aufzeigen, wie eine Rüge vom Gesetzgeber geahndet wird und erklären, warum so entschieden wurde. Anhand dieser Fälle wollen wir auch praktisch herausarbeiten, wie der Verursacher es hätte besser machen können.

### 4.2.1 Flying Uwe – Beispiel für Schleichwerbung eines Influencers

„Flying Uwe" alias Uwe Schüder ist ein YouTube-Star und Influencer und hat rund 1,4 Mio. Follower auf seinen Social-Media-Kanälen. Seine Fans lässt er an seinem Alltag als Sportler teilhaben, kommentiert für sie Videospiele oder organisiert Veranstaltungen. Darüber hinaus präsentiert der ehemalige Mister Hamburg regelmäßig Fitnessprodukte, unter anderem ein Proteinpulver eines Unternehmens, dessen Geschäftsführer er ist. Der Medienrat der Medienanstalt Hamburg/Schleswig-Holstein (MA HSH) hatte dies beanstandet und zunächst Uwe Schüder wegen nicht gekennzeichneter Werbung auf dessen YouTube-Kanal schriftlich aufgefordert, die Videos zu kennzeichnen. In der Begründung hieß es, der Influencer präsentiert auf der Social-Media-Plattform in seinen Videos Eigenprodukte, ohne dies jedoch als Werbung zu kennzeichnen. Nach Ansicht der MA HSH verstößt Uwe Schüder damit gegen rundfunkrechtliche Werbebestimmungen. Auf diesem Weg vertreibt „Flying Uwe" unter diversen Markennamen verschiedene Fitnessprodukte, die er in seinen Videos vorstellt oder deren Namen zu sehen sind. Bereits im November 2016 forderte die Medienanstalt den Betreiber auf, einige seiner Videos und die zugehörigen Texte auf YouTube als Werbung zu kennzeichnen. Die Beschreibungen der Videos hat der Influencer daraufhin teilweise angepasst. Bei den Videos, in denen er Produkte eines Unternehmens präsentiert, dessen Geschäftsführer er ist, fehlten aber weiterhin Werbekennzeichnungen. Aus diesem Grund hat die Medienanstalt Hamburg/Schleswig-Holstein schließlich ein medienrechtliches Verfahren wegen Verstoßes gegen Werbebestimmungen des § 58 Abs. 3 des damals noch geltenden Rundfunkstaatsvertrages eingeleitet.

Trotz mehrfacher Aufforderungen der Medienanstalt Hamburg/Schleswig-Holstein hatte „Flying Uwe" aber weiterhin die YouTube-Videos online gelassen und sie nicht nachträglich gekennzeichnet. Immerhin stellt er die Produkte ausgiebig positiv dar und hat den Zuschauer nicht informiert, dass er selbst Geschäftsführer des Unternehmens ist, die diese Produkte herstellt. Im Juni 2017 hat die Medienanstalt dann wegen der Fortsetzung dieser Verstöße gegen die Werbekennzeichnungspflichten in drei YouTube Videos, ein Bußgeld in Höhe von insgesamt 10.500 € gegen den YouTuber „Flying Uwe" alias Uwe Schüder verhängt. Nach Meinung der MA HSH hätte der Internet-Star die Videos von Beginn an und während ihres gesamten Verlaufs als „Dauerwerbesendung" ordnungsgemäß kennzeichnen müssen. Uwe Schüder hat die mehrfachen Hinweise der MA HSH bewusst ignoriert und „nicht wirklich ernst genommen" wie er in einem YouTube-Video verlauten lässt. Erst als der Fitness-Blogger die betroffenen Videos löschte, stellte die Landesmedienanstalt das Bußgeldverfahren ein. Uwe Schüder war damit der erste deutsche Internet-Star, gegen den von einer Medienanstalt, hier MA Hamburg/Schleswig-Holstein ein Bußgeld verhängt worden ist. Bei Verstößen dieser Art könnte im Übrigen sogar ein Bußgeld in Höhe von bis zu 500.000 € verhängt werden.

Nachfolgend soll betrachtet werden, ob die Medienanstalt Hamburg/Schleswig-Holstein folgerichtig abgemahnt hat und den YouTuber „Flying Uwe" alias Uwe Schüder mit einem Bußgeld in Höhe von 10.500 € belegte.

Zunächst lässt sich feststellen, dass die Videos qua Gesetz als sogenannte fernsehähnliche Telemedien eingeordnet werden können. Es handelt sich bei Internetangeboten grundsätzlich um Telemedien, da sie „nach Form und Inhalt fernsehähnlich sind und von einem Anbieter, hier YouTube, zum individuellen Abruf zu einem vom Nutzer gewählten Zeitpunkt bereitgestellt werden." Uwe Schüder lädt die Videos zunächst auf YouTube hoch und belässt sie dann auf seinem Kanal. Damit kann der Nutzer sie jederzeit abrufen und damit unterliegen sie den Werbevorschriften. Das heißt:

1. Die werblichen Elemente sind im Video zwar grundsätzlich erlaubt,
2. müssen aber als solche klar erkennbar und vom übrigen Inhalt eindeutig getrennt werden.
3. Möglich wäre auch die Einblendung eines Begriffes gewesen, beispielsweise „Dauerwerbesendung"

Im hier beschriebenen Fall ist es eindeutig, dass der YouTuber Uwe Schüder Produkte anpreist, die sein eigenes Unternehmen vertreibt und es kann ihm damit eine Absatzförderung unterstellt werden. Das stellt die bereits beschriebene „Geschäftliche Handlung" dar, weil sein Verhalten zugunsten des eigenen Unternehmens im Zusammenhang mit dem Absatz der Waren steht. Entsprechend hätte er die Videos als „Dauerwerbesendung" bezeichnen müssen.

Der Verbraucher soll einschätzen können, ob es sich bei der Meinung des Influencer tatsächlich um seine „echte" Meinung oder doch „nur" um Werbung handelt. Da in den Videos die Werbewirkung sehr hoch war, weil der Fokus ständig auf dem Produkt lag und es faktisch keinen Teil des Videos ohne permanente und vor allem distanzlose positive Darstellung gab, kann dies als Schleichwerbung eingeordnet werden. Außerdem waren die Videos eklatant werblich gestaltet worden und es ging vordergründig um den Verkauf der Produkte. Und gerade weil es sich hier um eine ganze Sendung mit Werbecharakter handelt, besteht der Vorwurf der Schleichwerbung, die eben unzulässig ist. Die Frage ist auch, ob denn die Nutzer es hätten erkennen können, dass es sich um Werbung handelt? In diesem Fall war es für Internetnutzer nicht so ohne Weiteres zu erkennen, ob es sich hier um Werbung handelt. Schon gar nicht deshalb, weil der werbliche Charakter in die ganze Sendung eingebettet war.

Hinsichtlich der Art und Weise der Kennzeichnung von Werbung besteht in der Influencer-Marketing-Branche noch zu Recht Unsicherheit. Die anzuwendenden Vorschriften oder auch die juristischen Begriffe sollen der Medienbranche eigentlich „helfen". Andererseits gibt es oft kein grundsätzliches Verständnis oder eine Art Einsicht für rechtliche Vorschriften von Seiten der Influencer. Das hat leider auch Uwe Schüder nicht getan, obwohl er mehrfach von der Medienanstalt Hamburg/Schleswig-Holstein abgemahnt wurde.

### 4.2.2 Drogeriemarktkette Rossmann – Beispiel für Schleichwerbung eines Unternehmens

Die Drogeriemarktkette Rossmann hat einen bekannten Influencer mit einer Reichweite von mehr als eine Million Follower im Internet dafür bezahlt, einen Beitrag auf einer Social-Media-Plattform zu veröffentlichen. Hierzu hat der Influencer ein Foto mit dem folgenden Text auf seinem Instagram-Profil veröffentlicht:

> *„An alle Sparfüchse: AUFGEPASST! NUR morgen gibt es in allen Filialen von #rossmann & im Online Shop 40 % Rabatt auf Augen Make-Up! Viel Spaß beim Einkaufen! (…). Mascara & M. N.Y. The R. N. Lidschatten Palette*
> #blackfriyay #ad #eyes #shopping #rabatt #40 %"

Am Ende des Beitrages setzte der Influencer sechs Hashtags, darunter an zweiter Stelle das Hashtag „#ad". Hierfür hatte der Verband Sozialer Wettbewerb e. V. die Firma Rossmann wegen unzureichender werblicher Kennzeichnung abgemahnt, da es sich nach Auffassung des Verbraucherschutzvereins um ein werbliches Posting handelt, welches nach wettbewerbs- und medienrechtlichen Gesetzen als Werbung gekennzeichnet werden müsste. Das gesetzte Hashtag #ad sollte ein Hinweis für im Beitrag enthaltene Werbung sein, denn „ad" wird verwendet als Abkürzung des englischen Wortes „Advertisement", was übersetzt Werbung oder Anzeige heißt. Der Verband Sozialer Wettbewerb e. V. vertrat die Auffassung, dass dieses Hashtag #ad den kommerziellen Hintergrund des Postings nicht hinreichend kennzeichne und damit ein Verstoß gegen das Verbot von Schleichwerbung vorliegt. Aufgrund dessen mahnte der Verbraucherschutzverband die Drogeriemarktkette ab und forderte eine Unterlassungserklärung von Seiten Rossmann.

Nachdem diese nicht abgegeben worden war, beantragte der Verband Sozialer Wettbewerb e. V. beim Landgericht (LG) Hannover eine einstweilige Verfügung. Das Landgericht entschied in seinem Urteil, dass sich der werbliche Charakter hinreichend aus den Umständen des Postings ergebe und der kommerzielle Zweck des Beitrages daher nicht gekennzeichnet werden müsse. Der Verband Sozialer Wettbewerb e. V. ging in Berufung und klagte beim Oberlandesgericht (OLG) Celle, das eine andere Entscheidung traf. Nach Ansicht des Senats verstößt der Instagram-Beitrag gegen das Gesetz gegen den unlauteren Wettbewerb (UWG), da das Posting nicht so gekennzeichnet war, dass ein durchschnittlicher Nutzer der Social-Media-Plattform Instagram den kommerziellen Zweck zweifelsfrei hätte erkennen können (Urteil vom 08.06.2017). Und weiter: Sollte die Drogeriemarktkette Rossmann seine Influencer-Marketing-Aktivitäten zukünftig nicht hinreichend kennzeichnen, droht ein Ordnungsgeld von bis zu € 250.000.

In der Begründung des Oberlandesgerichts (OLG) Celle heißt es, dass es sich bei dem streitgegenständlichen Beitrag um eine geschäftliche Handlung nach § 2 Abs. 1 Nr. Gesetz gegen den unlauteren Wettbewerb (UWG) handelt, da hier das Verhalten einer Person vorliegt, also dem Influencer, der zu Gunsten eines fremden Unternehmens, hier die Drogeriemarktkette Rossmann, und damit den Absatz von Waren fördern würde. Der kommerzielle Zweck ist nicht genug kenntlich gemacht worden und das ist nicht unmittelbar aus den Umständen ersichtlich, das Hashtag #ad ist zu wenig.

Nachfolgend soll genauer erklärt werden, warum das OLG Celle den Rossmann-Fall so betrachtet und die Drogeriemarktkette abgemahnt hat. Einzuordnen wäre zunächst, was der betreffende Instagram-Beitrag ist und welche wettbewerbsrechtlichen Regelungen auf diesen dann anzuwenden sind. Medienrechtlich gesehen sind Telemedien Inhalte, die nach Form und Inhalt fernsehähnlich sind und die von einem Anbieter, hier Instagram, zum individuellen Abruf zu einem vom Nutzer gewählten Zeitpunkt bereitgestellt werden. Damit lässt sich feststellen, dass es sich bei Internetangeboten grundsätzlich um Telemedien handelt. Darüber hinaus fasst das Gesetz den individuellen Abruf als „audiovisuelle Mediendienste auf Abruf" zusammen. Das trifft hier zu, da der Influencer die Beiträge auf Instagram belassen hat nachdem diese online gestellt wurden, sprich das Posting wird auf der Plattform zum Abruf vorgehalten. Somit ist der benannte Beitrag ein fernsehähnliches Telemedium auf das die Werbevorschriften des damals noch geltenden Rundfunkstaatsvertrages anzuwenden sind.

Der Gesetzgeber räumt hier ein, dass Werbung immer Teil des Programms ist und schreibt vor, dass Werbung als solche klar erkennbar und vom übrigen Inhalt eindeutig getrennt sein muss. Das heißt, die werblichen Elemente im Beitrag des Influencer für die Drogeriemarktkette Rossmann sind zwar grundsätzlich erlaubt, müssen aber optisch getrennt werden. Möglich wäre die Einblendung eines Begriffes innerhalb des Beitrages gewesen, der klarstellt, dass es sich um Werbung handelt. Dann wären die rechtlichen Anforderungen an die Kennzeichnung erfüllt. Die Kritik am Vorgehen des Influencers war auch, dass der kurze Hashtag #ad in dem längeren Begleittext untergegangen ist, weil es zwischen einer Vielzahl verschiedener Hashtags eingereiht war. Das heißt vor allem bei längeren Bildunterschriften könnte es ratsam sein, die Kennzeichnung an den Anfang des fraglichen Textes zu setzen. Diese Art von Verschleierungstaktik der Influencer wollte das Oberlandesgericht (OLG) Celle mit seiner Urteilsbegründung herausstellen und unterstreichen. Der Verbraucher soll einschätzen können, ob es sich bei der Meinung des Influencer tatsächlich um seine „echte" Meinung oder doch „nur" um gesponserte Werbung handelt.

Die Einordnung des Oberlandesgerichts Celle bezieht sich generell auf bezahlte Beiträge, sprich der Influencer hier wird auf seinem Social-Media-Kanal tätig gegen Geld. Das Urteil bezieht sich nicht auf Fälle, in denen Produkte kostenlos vom Unternehmen zugesandt werden. Was hier der genaue Unterschied wäre und wie sich der Influencer dann zu verhalten hätte, klären wir in Abschn. 4.3.

Die Abgrenzung zur Schleichwerbung ist die Produktplatzierung. Die ist unter gewissen Umständen erlaubt. Aber im Prinzip geht es immer um dieselbe Thematik: Es muss klar und deutlich erkennbar sein, das und was beworben wird. Im vorliegenden Fall wäre auch die Frage, was von Influencer bei ihrer Tätigkeit verlangt werden kann.

Ob hierfür zum Beispiel ein Hashtag # eine adäquate Form der Kennzeichnung von Werbung ist, beurteilt das Oberlandesgericht (OLG) Celle nicht. Ebenso wenig reicht es nach Ansicht des Gerichts aus, die Kennzeichnung farblich abzusetzen. Weiter ist die Frage, ob das Gericht in gleicher Weise geurteilt hätte, wenn das Hashtag #ad an erster Stelle neben den weiteren Hashtags aufgeführt worden wäre. Dem Urteil zufolge wohl ja, denn der Nutzerkreis von Instagram sind meist junge und internetaffine User für die ein Hinweis in Form von Hashtag #ad als ausreichend klare Kennzeichnung dienen könnte. Je nach Kürze des Beitrages liest der Nutzer die Hashtags durchaus, im Übrigen gerade wenn es farblich abgesetzt wäre und am Anfang stünde.

Am sichersten ist nach wie vor die Kennzeichnung über dem oder zu Beginn des Haupttextes mit den Begriffen wie „Anzeige" oder „Werbung". Fraglich ist, ob englischsprachige Begriffe wie „sponsored by" genügen, denn diese wären phonetisch sehr nahe am deutschen „sponsern". Die maßgebliche Zielgruppe, die soziale Medien nutzen, würden „sponsored by" als Hinweis auf ein finanziertes Posting und damit eine Werbung verstehen. Allerdings kann hier auch argumentiert werden, dass Instagram-Nutzer durch Begriffe wie „Sparfüchse" oder „@my_rossmann" sowie den diversen Hashtags wie #rossmann, #blackfriday, #ad, #shopping, #rabatt und #40 % den werblichen Hintergrund des Postings im Falle der Drogeriemarktkette Rossmann nicht erkennen. Es bleibt abzuwarten, ob Begriffe Hashtag #ad oder #advertisement" oder „sponsored by" sich in Zukunft als Kennzeichnung durchsetzen. Das Oberlandesgericht (OLG) Celle hatte dies in seinem Urteil offenbar zumindest für möglich gehalten.

### 4.2.3 Pamela Reif – Tap Tags sind Werbung oder doch nicht?

Der bereits im 3. Kapitel besprochene Fall der Influencerin Cathy Hummels über eine etwaige Kennzeichnungspflicht für selbst gekaufte Produkte, die in Beiträgen präsentiert werden, hat eine Erleichterung für Influencer nach sich gezogen. Die Kennzeichnungspflicht entfällt gänzlich, wenn sie ohne Gegenleistung gezeigt werden und es

## 4 Was Influencer beachten müssen

offensichtlich ist, dass mit den Social-Media-Kanälen eher Werbung in eigener Sache betrieben wird. Nach Ansicht des Gesetzgebers fehlt hier der kommerzielle Zweck und hat dies sogar mit einer Änderung des Gesetzes gegen den unlauteren Wettbewerb bestätigt.

Während das Oberlandesgericht München zugunsten Cathy Hummels entschied (vgl. OLG München, Urteil vom 25.06.2020, Az.: 29 U 2333/19) fiel das Urteil gegen Pamela Reif anders aus. Die Fitness- und Lifestyle-Influencerin mit rund 8,5 Mio. Follower ist eine der erfolgreichsten Influencer Deutschlands und ist vor allem auf Instagram aktiv. Auf den meisten Fotos sieht man die junge Frau mit Produkten verschiedener Hersteller. Genau wie bei Cathy Hummels sind die Beiträge mit den sogenannten Tap Tags hinterlegt. Fährt man mit dem Finger über das Foto, öffnet sich eine Information zu dem Markenunternehmen und kann das abgebildete Produkt über den Link gleich bestellt werden. Das Oberlandesgericht Karlsruhe (OLG) entschied, dass das Werbung ist und als solche zu kennzeichnen wäre (vgl. Urt. v. 09.09.2020, Az. 6 U 38/19). Die Anwälte der Influencerin argumentierten, dass diese Tap Tags nur hinterlegt seien, um Fragen interessierter Follower zuvorzukommen. Außerdem hat Pamela Reif kein Geld dafür erhalten und somit ist es auch keine bezahlte Werbung.

Das eine Gericht entscheidet so, das andere so. Wie ist das zu bewerten? Bei der Influencerin Cathy Hummels, mit im Übrigen „nur" 680.000 Followern geht das Oberlandgericht München davon aus, informierte Internetnutzer wissen, dass Cathy Hummels mit ihren Posts kommerzielle Interessen verfolgte. Und da sie kein Geld vom Markenunternehmen bekommen hat, ist es auch keine geschäftliche Handlung und damit nicht kennzeichnungspflichtig. Bei Pamela Reif geht das OLG Karlsruhe davon aus, dass sie mit rund 8,5 Mio. Follower sehr wohl kommerzielle Interessen verfolgt. Die unterschiedlichen Urteile haben im Grunde eine banale Erklärung: Jedes Gericht kann anders entscheiden.

Der Bundesgerichtshof hat dann in verschiedenen Grundsatzurteilen im Herbst 2021 entschieden, dass es zwar eine geschäftliche Handlung darstellt, solange es aber zu keiner Bezahlung von Seiten des Markenunternehmens kommt, ist prinzipiell keine Werbekennzeichnung notwendig. Allerdings verweist der BGH auch nochmals auf die Einzelprüfung. Auf diese Rechtsunsicherheit hat der Gesetzgeber reagiert und das Wettbewerbsrecht novelliert, wie wir bereits im Abschn. 3.3.3 erläutert haben. Der § 5a Abs. 4 UWG (Gesetz gegen den unlauteren Wettbewerb) ist seit 28.05.2022 ergänzt worden durch den Satz 2.

*Ein kommerzieller Zweck liegt bei einer Handlung zugunsten eines fremden Unternehmens nicht vor, wenn der Handelnde kein Entgelt oder keine ähnliche Gegenleistung für die Handlung von dem fremden Unternehmen erhält oder sich versprechen lässt.* Es ist davon auszugehen, dass die Gerichte beide beschriebenen Fälle von Cathy Hummels und Pamela Reif wahrscheinlich anders entschieden hätten, wenn es das erweiterte Gesetz schon bei der Urteilsfindung gegeben hätte.

Allerdings hätte Cathy Hummels dann auch beweisen müssen, dass sie keine Gegenleistung bekommen hat. Denn der § 5a Abs. 4 UWG ist nicht nur durch einen Satz 2, sondern auch einen Satz 3 ergänzt worden. Darin heißt es in einer sogenannten Vermutungsregel:

*Der Erhalt oder das Versprechen einer Gegenleistung wird vermutet, es sei denn der Handelnde macht glaubhaft, dass er eine solche nicht erhalten hat.*

Es wird also vermutet, dass es eine Gegenleistung gegeben hat und diese Annahme muss der Influencer widerlegen, sprich beweisen, dass er keine Gegenleistung bekommen hat. Das trifft dann zu, wenn die Produkte beispielsweise selbst gekauft wurden, dann hätte die Influencerin Pamela Reif den Kassenbon aufheben müssen. Diese Regelung klingt unpraktisch und ist aufwendig umzusetzen.

## 4.3 Geld- oder Sachleistung? Kennzeichnungspflicht beachten!

In diesem Abschnitt beschreiben wir die rechtlichen Informationspflichten für Aktivitäten im Influencer Marketing. Wie eingangs schon erwähnt, wenden wir uns nur dem Influencer als „Verursacher" zu. Selbstverständlich gelten die nachfolgenden Empfehlungen für Unternehmen oder Agenturen gleichermaßen. Als Voraussetzung für die Annahme von Schleichwerbung ist die Bezahlung eines Influencers nur ein Indiz. Weitere sind die werbliche Darstellung eines präsentierten

Produkts oder gar die Übernahme von Markenslogan oder Fotos des Produktherstellers. Schlicht, wenn es eine klare Kaufempfehlung gibt oder die Präsentation des Produkts der zentrale Bestandteil des Beitrages ist. Was aber zunächst klar aussieht und der geübte Influencer genau weiß, wann er diese Handlungen als Werbung kennzeichnen muss, ist es auf den zweiten Blick unklar. Die Gestaltung von Influencer Marketing ist keiner Regel unterworfen und daher genauso bunt wie die Beiträge selbst. Daher ist es schwierig zu beurteilen, ob es sich um Werbung handelt oder nicht.

Wir betrachten die gängigsten Möglichkeiten wie über Social-Media-Kanäle Informationen oder Botschaften gesendet werden und dabei spielt es keine Rolle, ob es sich um einen Blog-Eintrag oder ein Post auf Instagram handelt. Im Laufe dieses Buchs ist klargeworden, dass nicht jeder Inhalt eines Beitrages auch zu kennzeichnen ist. Auf diese Unterscheidungen werden wir in diesem Abschnitt ebenfalls eingehen, denn neben eindeutigen Beispielen des kennzeichnungspflichtigen Influencer Marketing gibt es auch Grenzfälle hin zur Werbung und damit Kennzeichnung.

### 4.3.1 Eigenwerbung und Eigenkauf

Wie im Fall des bereits erwähnten „Flying Uwe" alias Uwe Schüder aus Abschn. 4.2.1 gibt es Influencer, die ihre eigenen Produkte bewerben. Wie beschrieben kann es sich um Schleichwerbung handeln, wenn der Zuschauer nicht erkennen kann, ob es sich um Werbung in eigener Sache handelt. Wenn allerdings das Produkt den gleichen Namen wie der Influencer trägt, dann kann der Nutzer wohl davon ausgehen, dass es sich um Werbung und damit die Absatzförderung handelt. Beispiele hierfür sind die bereits erwähnte Pamela Reif, die unter „Naturally Pam" Snacks und Fitnessriegel bei der Drogeriemarktkette dm verkauft. Oder der YouTube Star BibisBeautyPalace, die ihre eigene Kosmetikserie namens „bilou" in allen großen Drogeriemärkten anbietet. In diesen Fällen muss der Beitrag nicht zwingend als Werbung gekennzeichnet werden, da der Zuschauer nicht in die Irre geführt wird, weil er auf den ersten Blick erkennt, wer dahintersteckt und wie etwaige Aussagen über die Produkte gemeint sind. Bei Werbung in eigener Sache, also mit Bestandteil des eigenen Namens, dürfte die Beurteilung klar sein und muss nicht als Werbung gekennzeichnet werden.

Doch die Mehrheit der Influencer hat kein Produkt, das seinen eigenen Namen trägt, sondern kauft sich Produkte von seinem eigenen Geld. Wenn zum Beispiel die eigens gekaufte Handtasche dann lose am Armgelenk baumelt und nicht ständig prominent im Beitrag präsentiert wird, während sich eine Influencerin beim Flanieren filmt und ihre freie Meinung äußert, dann handelt es sich nicht um Schleichwerbung und es muss auch nicht gekennzeichnet werden. Allerdings sollten die Produkte wirklich im Hintergrund bleiben und nicht ständig positiv bewertet werden. Es wird davon ausgegangen, dass kein Unternehmen dahintersteckt, auch wenn die Aussagen der Influencer zu den Produkten werblich wirken können. Es ist eben Vorsicht geboten, denn sobald die zuständigen Landesmedienanstalten es doch als werbliche Tätigkeit einstufen, kann es zu einer Abmahnung kommen, selbst wenn das Verhalten rechtlich nicht zu beanstanden ist.

Im Fall der Influencerin Vreni Frost brachte ein Urteil des Landgerichts Berlin leider weiter Verunsicherung mit sich. Der Verband Sozialer Wettbewerb hatte ihr Schleichwerbung bezüglich drei Instagram-Posts vorgeworfen (vgl. LG Berlin, Urteil vom 24.05.2018, 52 O 101/18). Vreni Frost hatte Fotos gepostet und die bekannten Modehersteller per @-Erwähnung in dem Post verlinkt. Sie hat dafür keine Gegenleistung des Unternehmens bekommen. Das Gericht entschied in diesem Fall, dass das keine Rolle spielt und erließ eine einstweilige Verfügung gegen Vreni Frost. Allein die Tatsache, dass über die getaggten Webseiten der Markenunternehmen die Möglichkeit bestehe, online Waren zu kaufen, reicht aus, um unter die Kennzeichnungspflicht zu fallen. Die Influencerin wehrte sich gegen das Urteil und bekam teilweise Recht, dann einer der drei Posts war nicht auf kommerziellen Inhalt ausgerichtet, sondern diente nur der Information und Meinungsvielfalt, so das Kammergericht (KG, Urteil vom 08.01.2019 5 U 83/18). Das Gericht unterschied also danach ob die Verlinkung mittels @-Erwähnung dem Zweck der Meinungsbildung dient oder nicht. Dies alles aber vor dem Hintergrund, dass die Influencerin kein Geld oder sonstige Sachleistung für diese Posts

erhalten hat. Dieser Fall zeigt wieder einmal wie vorsichtig Influencer sein müssen und das die Unterscheidung, ob es zu kennzeichnen ist oder nicht, schwerfällt.
Das seit 28.05.2022 modifizierte Gesetz gegen den unlauteren Wettbewerb würde diesen Fall eventuell ebenfalls anders entscheiden. Noch mal zusammenfassend heißt das:

- Neu ist die sogenannte Vermutungsregel. Das heißt, es wird vermutet, dass der Influencer eine Gegenleistung für die Präsentation des Produktes bekommen hat.
- Der Influencer muss beweisen können, dass er die Produkte selbst gekauft hat, also Kassenbeleg aufbewahren und auf Verlangen vorzeigen.
- Wenn er die Produkte aber geschenkt bekommen hat, so muss der Influencer ebenso den notwendigen Kassenbon sich besorgen und vorweisen können.

Der Gesetzgeber hat mit der Überarbeitung des Gesetzes grundsätzlich etwas Gutes für die Influencer-Szene geschaffen, da ohne Gegenleistung nicht gekennzeichnet werden muss. Gleichzeitig wird ein unpraktischer und aufwendiger Umgang mit dem Eigentumsbeweis vom Influencer verlangt. D. h., würde ein Influencer ein Marken-T-Shirt zum Geburtstag geschenkt bekommen, das er in einem Post präsentiert, dann müsste er den Kassenbon oder sonstigen Kaufnachweis vom Schenkenden einfordern, um im Falle eines Falles den Geschenkcharakter nachzuweisen. Nochmal weiter gedacht müsste der Schenkende den Kassenbon am besten noch quittieren: *„Alles Liebe, Deine Freundin Reni".*

## 4.3.2 Influencer bekommt Produkt zugesendet

Nehmen wir an, ein YouTuber bekommt ein Produkt kostenlos und unaufgefordert von einem Unternehmen zugesandt. Natürlich verfolgt das Unternehmen die Absicht, dass der YouTuber das Produkt in seinen Videos zeigt, ausführlich positiv darüber spricht und es so seiner Community bekannt macht. Damit erwartet das Unternehmen eine

Gegenleistung für die kostenlose Überlassung des Produkts. Nun gilt es zu unterscheiden: Hat das Unternehmen dem YouTuber keine Vorgaben gemacht, wie er das Produkt präsentieren soll und er kann selbst entscheiden, ob er das Produkt positiv oder negativ bewertet, dann handelt es sich nicht um Werbung und es bedarf keiner Kennzeichnung.

Es kann sich hierbei nicht nur um Bücher, Kleidung oder Videospiele handeln, sondern der Influencer bekommt zum Beispiel kostenlos eine Reise, Flüge oder Hotelübernachtung gestellt. Bei Diese auch hochpreisigen „Geschenke" stellt das Unternehmen zwar kostenfrei zur Verfügung, meist aber nicht ohne Absicht. Es geht davon aus, dass das Produkt in einem Beitrag vom Influencer gezeigt und besprochen wird und er es seinen Fans empfiehlt. Der Influencer entscheidet, ob er sich auf diesen Deal einlässt und das Produkt entsprechend den Vorstellungen des Unternehmens positiv präsentiert. In diesem Fall muss der Influencer auch dafür sorgen, dass dies erkennbar ist und als Werbung kennzeichnen.

Wenn das oben beschriebene YouTube-Video vorwiegend aus redaktionellen Inhalten besteht oder ein Instagram-Post einen Ausschnitt aus dem Alltag eines Influencers zeigt und es auch Produkte in diesen Beiträgen gibt, die aber nicht werblich herausgestellt werden, dann gibt es noch die zu erwähnende 1000-Euro-Grenze. Diesen Wert haben die Landesmedienanstalten als Empfehlung herausgegeben, wonach darunter keine Kennzeichnung zu erfolgen hat. Hat der Influencer mehrere Produkte kostenlos erhalten, kommt es auf den Einzelpreis an, die Werte werden nicht addiert. Allerdings ist diese doch sehr hoch angesetzte Summe auch umstritten, denn inzwischen sind die Herstellungskosten eines Influencers Beitrages weit niedriger.

Auch gibt es Fälle, in denen Influencer für die Erstellung ihrer Beiträge eine sogenannte Produktionshilfe brauchen. Das wäre im Bereich Food-Blogger relevant, die sich Küchenutensilien zur Verfügung stellen lassen, um überhaupt kostengünstig einen Beitrag herstellen zu können. Wenn die Töpfe, Pfannen etc. wirklich nur für die Produktion benötigt werden, diese aber nicht im Vordergrund stehen, dann entfällt die Werbekennzeichnung.

## 4.3.3 Influencer bekommt Gegenleistung

Die bei etablierten Influencern gängigste Variante ist die prominente Präsentation eines Produktes oder Dienstleistung, sprich Werbung in einem Beitrag, gegen Bezahlung von einem Markenunternehmen. Der Influencer verpflichtet sich qua Vertrag zur Veröffentlichung der werblichen Botschaft für ein Produkt oder einer Dienstleistung. Auf die Inhalte eines solchen Vertrag weisen wir im 5. Kapitel hin.

Diese Konstellation ist rechtlich am einfachsten zu beurteilen. Der Influencer hat die Absicht, den Verkauf des Produktes oder der Dienstleistung zu fördern. Dies ist wettbewerbsrechtlich als geschäftliche Handlung einzuordnen. Damit ist es als Werbung zu werten und unterliegt dann folglich der Kennzeichnungspflicht. Der Influencer bekommt für diese Aktivität in der Regel Geld oder eine sonstige Vergütung in Form von Sachleistungen oder Vergünstigungen. Möglich ist auch, dass er das Produkt behalten darf oder zu hochkarätigen Events eingeladen wird, was ihm zusätzlich Reichweite auf seinen Social-Media-Kanälen bringt.

Besteht der Schwerpunkt des Beitrages aus journalistischen Inhalten, sprich der Influencer berichtet zum Bespiel aus seinem Alltag und ist das Produkt zwar erkennbar steht aber nicht im Mittelpunkt der Handlung, liegt eine Produktplatzierung vor. Der Zuschauer ist darüber in Kenntnis zu setzen, dass hier eine Kooperation vorliegt und um welches Produkt es sich handelt. Voraussetzung dafür ist natürlich, dass der Influencer eine Gegenleistung für dieses Handeln erhält.

## 4.3.4 Influencer testet ein Produkt

Wenn neue Produkte auf den Markt kommen, so gibt es Influencer die diese testen. Zum einen, um ihrer Fangemeinde neue Beiträge zu präsentieren und ihre Reichweite zu sichern, zum anderen, um eventuell mit dem Unternehmen zu kooperieren. Wenn der Influencer das Produkt unabhängig begutachten kann und sein Urteil ohne Einflussnahme des Unternehmens abgeben darf, dann liegt keine Pflicht zur Kennzeichnung vor, weil keine Produktwerbung erfolgt. Dem

Influencer raten wir trotzdem zur Vorsicht, weil unterstellt werden könnte, dass eine positive abgegebene Bewertung ein Wohlwollen gegenüber dem Unternehmen darstellt. Der Influencer könnte sich neben dem Aufbau von Reichweite eine künftige vitale Kooperation mit dem Markenunternehmen erhoffen.

Dem Influencer wird das Produkt zum Test überlassen und darf es dann behalten. Eine durchaus übliche Praxis, wenn Influencer noch nicht so bekannt sind, dass sie anstelle der Zahlung eines Honorars ein wertvolles Produkt überlassen bekommen. Da aber auch eine Produktüberlassung eine Entgeltleistung ist und daran auch die Pflicht zur Werbung bestehen kann, liegt auch eine Absatzförderung vor und damit die Verpflichtung der Kennzeichnung.

**Fazit**
In der Praxis dürften sich nach wie vor viele Fragen rund um das Thema Kennzeichnungspflicht ergeben und der Influencer ist im Zweifel gehalten sich rechtlichen Rat zu holen, sollte es nicht ohnehin einen Vertrag mit dem Unternehmen geben. Fakt ist, wenn der Influencer wissentlich Werbung für ein Produkt macht und dies nicht kennzeichnet, ist es als Schleichwerbung einzuordnen und die ist verboten. Und klar ist auch, die Zeiten sind vorbei, das Influencer behaupten können, sie dachten sich im Graubereich zu befinden und wussten von nichts.

## 4.4 Tipps zur Kennzeichnung

Beim Influencer Marketing geht es in erster Linie um die Erhöhung der Follower-Zahlen. An diesem Parameter wird ein Influencer zunächst einmal bewertet, wenn ein Unternehmen eine Kooperation anvisiert, um sich zur Steigerung seines Absatzes die hohe Reichweite nutze zu machen. Diese bezahlte Werbung in einem Videobeitrag oder Post muss gekennzeichnet werden, sonst ist es Schleichwerbung und die ist verboten. In diesem Abschnitt erläutern wir, wann Beiträge gekennzeichnet werden müssen und vor allem wie, damit es für den Influencer rechtssicher ist.

## 4 Was Influencer beachten müssen

> **Grundsätzlich gilt zur Kennzeichnungspflicht**
> - Vertreibt der Influencer seine eigenen Produkte und das ist erkennbar, weil die seinen Namen tragen, dann muss er nicht kennzeichnen.
> - Sollten die Produkte nicht mit dem Influencer in Zusammenhang gebracht werden können, dann muss er kennzeichnen.
> - Wenn der Influencer Produkte oder Dienstleistungen anderer Unternehmen bewirbt, muss er kennzeichnen und es kommt auf die richtige Darstellung an.

Die noch immer unklare Rechtsprechung hat dazu geführt, das Influencer verunsichert sind und im Zweifel die meisten ihrer Inhalte als Werbung per se kennzeichnen. So kann der Nutzer aber eine „echte" Werbung nicht mehr von redaktionellen Beiträgen unterscheiden. Dieses Übermaß ist ebenso nicht rechtens, weil es sein Ziel der Aufklärung verfehlt.

> **Der Influencer sollte seinen Beitrag nach den folgenden Kriterien prüfen**
> - Beinhaltet der Post, Blog-Eintrag oder das Video eine sogenannte geschäftliche Handlung? Ist der Beitrag ist so gestaltet, dass er den Absatz von Waren und Dienstleistungen fördert?
> - Werden redaktionelle Inhalte, also reine Informationen zur Verkaufsförderung eingesetzt?
> - Wird diese Verkaufsförderung von einem Unternehmen finanziert in Form von Geld- oder Sachleistung?
> - Geht diese Verkaufsförderung weder aus dem Inhalt noch aus den Bildern oder Tönen klar erkennbar hervor?

Wenn eines dieser Kriterien erfüllt ist, dann liegt eine Werbeabsicht zugrunde und es muss gekennzeichnet werden. Wenn nicht gekennzeichnet wird, liegt verbotene Schleichwerbung vor. Abzugrenzen ist die Produktplatzierung. Hierzu ein *Beispiel:* Besteht der Schwerpunkt eines Videos auf einem Social-Media-Kanal aus redaktionellen Inhalten und das Produkt ist zwar erkennbar, aber in die Handlung des Videos eingebettet, liegt eine zu kennzeichnende Produktplatzierung vor. Der Zuschauer ist zu Beginn des Videos über die Kooperation mit dem

Unternehmen zu informieren. Dazu sollte am Anfang der deutlich wahrnehmbare Hinweis „Produktplatzierung" oder „unterstützt durch Produktplatzierung" bzw. „unterstützt durch (Produktname/Unternehmensname)" verwendet werden. Wenn das Produkt allerdings ständig im Mittelpunkt des Beitrages steht so könnte das Video mit Begriffen wie „Werbevideo" oder „Dauerwerbesendung" versehen werden.

Etwas anders verhält es sich, wenn der Influencer das Produkt selber kauft und in einem seiner Beiträge integriert. Denken wir an den vorher beschriebenen Fall der Influencerin Cathy Hummels, wo die Produkte auf Instagram „nur" vertaggt wurden, also zu einem Markenunternehmen verlinken, wenn der Nutzer drauf tippt. Der Teufel steckt im Detail und wir haben gesehen, dass die Gerichte nicht immer so glimpflich entscheiden wie bei besagter Influencerin. Seit 28.05.2022 hat daher das erweiterte Werberecht durch das neu modifizierte UWG für diesen Umstand etwas mehr Rechtssicherheit geschaffen

Ob diese Nachweispflicht wirklich praktikabel ist, wird die Rechtspraxis zeigen.

> Die Gesetzesänderung des § 5a Abs. 4 UWG (Gesetz gegen den unlauteren Wettbewerb) sagt Folgendes:
> - Wenn Influencer für ihre Beiträge keine Gegenleistung vom Markenunternehmen erhalten, dann müssen sie dies nicht als Werbung kennzeichnen.
> - Wenn aber vermutet werden kann, dass der Influencer eine Gegenleistung erhalten hat oder sich durch die aktive Werbung eine Kooperation mit dem Unternehmen erhofft, dann muss bei einer Abmahnung glaubhaft machen, dass er keine Gegenleistung erhalten hat.

Wenn also das Produkt in einem Video vorwiegend im Mittelpunkt ist, so liegt zu kennzeichnende Werbung vor. Immer dann, wenn das Produkt erscheint, kann mit der Einblendung „Werbung" rechtssicher gekennzeichnet werden. Wenn das Produkt dauerhaft zu sehen ist, dann wie oben bereits beschrieben zu Beginn des Videos mit dem sichtbaren

Hinweis „unterstützt durch XY..." kennzeichnen. Hilfsweise kann auch zu Beginn des Videos mündlich darauf hingewiesen werden, wenn das Produkt kostenlos zu Verfügung gestellt wurde. Wenn sich allerdings das ganze Video um das Produkt dreht, dann sollte dauerhaft der Hinweis „Dauerwerbung" oder „Werbevideo" eingeblendet werden.

> **Zusammenfassend gilt folgende Kennzeichnung**
> - In Videos, wo das Produkt nur punktuell gezeigt wird, reicht eine Einblendung in dem Moment mit dem Wort „Werbung" oder „Anzeige".
> - Wird das Produkt immer wieder gezeigt oder steht gar im Mittelpunkt, dann empfiehlt sich ab Beginn den Begriff „Dauerwerbesendung" einzublenden.
> - Wenn das ganze Video ausschließlich auf ein Produkt oder eine Dienstleistung abzielt, dann sollte die ganze Zeit über der Begriff „Dauerwerbesendung" eingeblendet bleiben.
> - Empfehlenswert ist der zusätzliche Hinweis in der Videobeschreibung.
> - Wenn in Fotos mit Produkten geworben wird, dann muss der Begriff „Werbung" oder „Anzeige" oder alternativ „unterstützt durch XY..." sichtbar platziert werden.
> - Der Begriff sollte lesbar und in deutscher Sprache sein und zwar auf jedem Endgerät, also Smartphones oder Laptop gleichermaßen.

Nach der bislang ergangenen Rechtsprechung sind folgende Begriffe nicht ausreichend, um Werbung zu kennzeichnen: „Sponsored By", „Sponsored", „ad", „promotion". Manchmal auch versehen mit einem Hashtag #. Da sie englischsprachig sind, kann nicht davon ausgegangen werden, dass jeder Nutzer sie versteht, wie sie gemeint sind.

Egal auf welcher Social-Media-Plattform geworben wird, es gelten immer die gleichen grundsätzlichen Regeln. Facebook und Instagram haben sich ebenfalls der Thematik angenommen und ein Branded Content Tool eingeführt, in dem sie eine Art Leitfaden für „richtige" Werbung vorgeben. Das Tool zeigt aber nur seine Wirkung, wenn es von den Influencer auch eingesetzt wird und das ist bislang keine Pflicht. Allerdings erhebt sich Instagram damit zu einer weiteren Kontrollinstanz, die den Influencer schon gefährlich werden könnte. Je nachdem wie strikt Instagram in Zukunft durchgreift, kann dies zur Löschung von Inhalten bis zur Sperrung des Accounts führen. Und das wäre mit dem Ende einer Influencer-Karriere gleichzusetzen.

Noch ein Hinweis zu den Videobeschreibungen, wenn der Influencer von einem Unternehmen ausgestattet wurde, zum Beispiel mit einer Kamera oder einem Schnittprogramm. So etwas lässt sich nicht im Video kennzeichnen. Daher bietet es sich an, im Text unterhalb des Videos auf diese Art von Produktionshilfe hinzuweisen.

**Leitfaden der Landesmedienanstalten**
Für Influencer geht es in der Praxis nicht nur darum, ob gekennzeichnet werden muss, sondern wie. Im vorherigen Abschnitt sind wir auf die gängigsten Möglichkeiten der Kennzeichnung eingegangen. Wenn der Beitrag also werbliche Elemente enthält so muss gekennzeichnet werden, dazu gibt es die bereits beschriebenen medien- und wettbewerbsrechtlichen Vorgaben. Da aber immer wieder strittige Gerichtsentscheidungen über notwendige Kennzeichnungen gefällt werden, ist die Influencer-Szene unsicher. Etwas Rechtssicherheit geben tatsächlich die Landesmedienanstalten. Als Aufsichtsbehörde sind sie per se verantwortlich für die Zulassung und Aufsicht der privaten Radio- und Fernsehanstalten. Obwohl Social-Media-Kanäle als sogenannte Telemedien keiner Anmeldung oder Zulassung wie ein TV-Sender bedürfen, unterliegen sie dennoch dieser behördlichen Aufsicht.

„Die Medienanstalten" sind eine Dachmarke der 14 Landesmedienanstalten in Deutschland und überwachen unter anderem die Einhaltung der Werberegeln. Da die Grenzen für die Mehrzahl der Influencer schwer verständlich ist, hat die Behörde einen Leitfaden zur „Werbekennzeichnung bei Online-Medien" herausgegeben. Dieser steht auf der Webseite zum Download bereit: www.die-medienanstalten.de/themen/werbeaufsicht.

Der Leitfaden enthält eine Matrix, die nahezu alle Szenarien eines Online-Angebotes von Influencer vorstellt und die entsprechenden Hilfestellungen für die Kennzeichnung gibt. Grundlage sind die Werberegeln des Medienstaatsvertrages und Telemediengesetzes und bieten ein umfassendes Angebot an Begriffserklärungen und Abgrenzungsfällen. Der Leitfaden ist eine gute Orientierung für alle, die in der Influencer Marketing Szene aktiv sind.

Wenn ein werblicher Beitrag nicht gekennzeichnet wird, dann kann entweder der Geschädigte selbst rügen oder die Landesmedienanstalten als zuständige Behörde nehmen sich der Sache an. Sie verfolgen die Einhaltung der Kennzeichnungspflichten bei Influencer. Gemäß einem gesetzlichen Auftrag können die Landesmedienanstalten Verstöße gegen die Kennzeichnungspflicht durch Untersagung oder Sperrung von Posts oder direkt als Ordnungswidrigkeit mit Bußgeldern bis zu 500.000 € ahnden und verfolgen.

> **Beispiel Verstoß gegen die Kennzeichnungspflicht**
>
> Die Medienanstalt Hamburg/Schleswig-Holstein (MA HSH) hat gegen den zuvor in Kapitel beschriebenen Influencer „Flying Uwe" alias Uwe Schüder ein Ordnungswidrigkeitsverfahren wegen Schleichwerbung in zwei Videos eingeleitet. Dabei hat die Landesmedienanstalt die Videos als Dauerwerbesendung eingestuft und Uwe Schüder aufgefordert diese entsprechend zu kennzeichnen. Da er dieser Aufforderung nicht nachgekommen ist, leitete die Behörde ein medienrechtliches Verfahren ein und verhängte ein Bußgeld in Höhe von 10.500 €. Parallel hat die Medienanstalt im Übrigen eine größere Zahl von Influencer angeschrieben, weil gegen die Kennzeichnungspflicht verstoßen wurde.

Der Leitfaden ist auch aus praktischer und juristischer Sicht ein Zugewinn, denn zum einen wird er stetig auf der Webseite aktualisiert und die neue Rechtsprechung wird eingebunden. Zum anderen hat er eine sehr übersichtliche optische Gestaltung, so dass die Nutzer sich gut orientieren können. Wenn sich der Influencer daranhält, so könnte es gut sein, dass er keinen Verstoß gegen die aktuelle Rechtslage begeht. Das gibt dem Influencer Sicherheit.

## 4.5 Folgen nicht gekennzeichneter Werbung

Wie schon zu Beginn dieses Buches festgestellt ist Online gleich Offline. Es gelten in Deutschland medien- und wettbewerbsrechtliche Regeln und basta. Wer diese Gesetze verletzt ist haftbar und dem droht eine mitunter hohe Strafe. Dabei ist für den Verstoß und die daraus resultierende Haftung entweder der Influencer selbst oder das Unternehmen bzw. der Auftraggeber, der dazu „angestiftet" hat. Sie können auch als Mittäter in Betracht kommen, wenn sie den Influencer beispielsweise aufgefordert haben, die Kennzeichnung zu unterlassen. Schleichwerbung oder auch die nicht gekennzeichnete Produktplatzierung ist kein Kavaliersdelikt. Und auch keine Privatangelegenheit der Influencer. Dennoch werden die Kennzeichnungspflichten auf Seiten der Influencer leider oft noch ignoriert und in einigen Fällen sogar belächelt. Wenn Influencer verschleiern, dass eine Empfehlung bezahlt ist, kann dies unter Umständen auch bei der Fangemeinde die Glaubwürdigkeit untergraben und damit das Image des Influencer beschädigen.

Im Prinzip geht es wie bereits eingehend beschrieben, um die gebotene Trennung der werblichen Elemente vom restlichen Inhalt eines Beitrages, Fotos, Blogeintrag oder ähnliches. Und wenn Werbung gemacht wird, dann muss diese eben gekennzeichnet werden. Unterschieden wird zwischen Schleichwerbung, also gar keine Kennzeichnung, die ist immer verboten. Abzugrenzen wäre hier die Produktplatzierung, die unter gewissen Voraussetzungen möglich ist. Wie wichtig dem Gesetzgeber der Verbraucherschutz ist zeigt sich auch im Medienstaatsvertrag, der einen grundsätzlichen Schutz beschreibt.

---

**Nach § 8 MStV darf Werbung nicht**
1. die Menschenwürde verletzen,
2. Diskriminierungen aufgrund von Geschlecht, Rasse oder ethnischer Herkunft, Staatsangehörigkeit, Religion oder Glauben, Behinderung, Alter oder sexueller Orientierung beinhalten oder fördern,
3. irreführen oder den Interessen der Verbraucher schaden oder
4. Verhaltensweisen fördern, die die Gesundheit oder Sicherheit sowie in hohem Maße den Schutz der Umwelt gefährden.

---

Wenn Influencer also gegen die Kennzeichnungspflicht verstoßen, dann drohen Abmahnungen von Verbraucherschutzverbänden oder Aufsichtsbehörden bis hin zu Bußgeldern. Geschädigte Unternehmen können zudem Schadenersatzansprüche geltend machen. Das gilt auch dann, wenn Unternehmen oder Agenturen keinen eigenen Beitrag veröffentlichen, aber den Influencer beeinflussen zu kennzeichnen oder nicht. Dem Grunde nach stellt die Nichtkennzeichnung einen Verstoß gegen den Medienstaatsvertrag dar, der mit einem Bußgeld bis zu € 500.000 belegt werden kann.

Zunächst erhält der Verursacher eine Aufforderung, den Beitrag vom Netz zu nehmen oder entsprechend zu kennzeichnen. Kommt er dem nicht nach, droht eine kostenpflichtige Abmahnung. Wenn auf die Abmahnung nicht reagiert wird, kann eine Vertragsstrafe fällig werden. Der nächste Schritt ist die Einleitung eines einstweiligen Verfügungsverfahrens. Diese Verfahren haben zwar eine kurze Verfahrensdauer von wenigen Stunden bis zu maximal einer Woche, aber durch den hohen Streitwert sind sie trotzdem kostenintensiv.

Bezogen auf einen etwaigen Vertrag zwischen Influencer und dem Unternehmen oder einer Agentur muss der Influencer bei einem Verstoß darauf achten, was hinsichtlich eines Verstoßes vereinbart worden ist. Unter Umständen kann ein Vertrag sogar sittenwidrig und dann unwirksam werden, wenn Werbung nicht gekennzeichnet worden ist (vgl. Urteil OLG München, Urteil vom 22.09.1994, 6 U 5255/93; OLG Düsseldorf, Urteil vom 31.10.2006, I-23 U 30/06, 23 U 30/06). Eine unterlassene, aber vereinbarte Kennzeichnung kann auch zu einer Kündigung des Vertrages von Seiten des Unternehmens führen und der Influencer hat dann keinen Anspruch auf Vergütung. Im 5. Kapitel gehen wir noch genauer auf die Vertragsgestaltung ein.

Mit der Abgabe einer Unterlassungsverpflichtung kann der Influencer eine Auseinandersetzung außergerichtlich beilegen. Kommt es aber dann zu einem erneuten Verstoß, dann ist sicherlich eine Vertragsstrafe fällig. Grundsätzlich sollte ein Influencer bei Unklarheiten oder einer ersten Abmahnung immer einen Rechtsanwalt einschalten. Nur der kann rechtssicher prüfen, ob ein Verstoß gegen die Kennzeichnungspflicht vorliegt und wie am besten reagiert werden soll. Oftmals ist mit der ersten Post eine Unterlassungserklärung beigefügt. Wenn die voreilig vom Influencer unterschrieben wird, kann es auch später noch zu Nachteilen kommen, denn der Abmahner kann eventuell eine Vertragsstrafe noch einfordern. Jede rechtswidrige Situation ist unterschiedlich, daher muss im Zweifel immer eine individuelle Prüfung vorgenommen werden.

Im vorher beschriebenen Fall der Influencerin Cathy Hummels, die ein Markenprodukt selber gekauft und dieses in einem Beitrag präsentiert hat, war sie sich keiner Schuld bewusst, dass sie dies mit dem Unternehmen hätte absprechen müssen. In so einem Fall kann es dem Influencer passieren, dass von Seiten des Unternehmens ein generelles Verbot für die weitere Einbindung in deren Influencer-Marketing-Tätigkeiten ausgesprochen wird.

## 4.6 Sonstige Vorschriften

Beiträge können redaktionell gestaltet sein, sprich rein informativen Charakter haben. Oder alles was vorkommt wurde vom Influencer selbst geschrieben, fotografiert oder gefilmt. Sollten aber Elemente von fremden Personen benutzt werden, so gelten beispielsweise die Grenzen des Urheberrechts. Oft haben die Influencer mehrere Rollen inne, sie sind Journalisten, Werbetreibende, Fotografen und Inhaber von Social-Media-Kanälen. Entsprechend eine Vielzahl von Rechtsgebieten betreffen die Aktivitäten der Influencer. Nachfolgend betrachten wir die gängigsten Gesetze und Vorschriften.

### 4.6.1 Affiliate Links

Ein klassischer Beitrag auf Instagram besteht aus einem Foto und einen Text darunter. Wenn diese Aktivität von einem Unternehmen bezahlt wird, ist der Influencer verpflichtet, eine Kennzeichnung der werblichen Stellen oder des ganzen Beitrages vorzunehmen. Sollte zwischen Unternehmen und Influencer vertraglich geregelt sein, dass im Text darunter Linksammlungen auf die Angebote des Unternehmens hinweisen, so ist dies ebenfalls zu kennzeichnen. Diese Verlinkung erleichtert dem Nutzer durch nur einen Klick bereits auf das Produktangebot geführt zu werden und liefert darüber hinaus reine Informationen über das Markenunternehmen. Sollte es sich nur um einen beschreibenden Inhalt nach der Verlinkung handeln, muss natürlich nicht gekennzeichnet werden, da dies dem Grundrecht nach freier

Meinungsäußerung gleichkommt. Wenn diese sogenannten Affiliate-Links aber sowohl den Influencer als auch dessen Auftraggeber in deren geschäftlichen Interessen unterstützt, ist dies als Werbung zu kennzeichnen. Die Kennzeichnung muss klar erkennbar sein, also mit den Worten „Anzeige" oder „Werbung", sonst liegt Schleichwerbung vor und die ist verboten. Wenn der Influencer nicht kennzeichnet, wird nicht nur er, sondern auch der Auftraggeber in Haftung genommen.

Affiliate-Links finden sich neben dem Text unter einem Instagram-Post auch in der Infobox zu einem YouTube-Video und verlinken auf Webseiten, wo das Produkt direkt gekauft werden kann. In diesem Link ist ein Code enthalten, der den Influencer zugeordnet werden kann. Wenn also der Nutzer über diesen Link das Produkt kauft, bekommt der Influencer dafür eine Provision. Daher sollte im direkten Umfeld des Affiliate-Links ein Hinweis gegeben werden, in dem der Nutzer auf die Umsatzbeteiligung hingewiesen wird, weil hier Werbung vorliegt.

---

**Beispiel für einen Affiliate-Hinweis**

- Die mit Sternchen (*) gekennzeichneten Links sind Affiliate-Links, das heißt wenn du auf so einen Link klickst und darüber einkaufst, dann bekomme ich von dem betreffenden Unternehmen eine Provision.

---

Wenn der Influencer Unterstützung beim Erstellen des Videos erhält, ist dies womöglich kennzeichnungsfrei. Das wären Hinweise auf Ausstatter, sei es Kochutensilien in einem Food-Beitrag oder die Kamera mit der das Video erstellt wird. Die verwendeten Produkte dürfen aber nicht den Ausstatter-Namen oder einen leicht erkennbaren Schriftzug zeigen. Das betrifft auch Kleidung, die mit einem Logo oder Schriftzug versehen sind. Solche Ausstatterhinweise sind am Ende eines Beitrages ebenso zulässig ohne das gekennzeichnet werden muss. Wird allerdings die Nennung in einem Link verpackt, so muss hingewiesen werden, da es leicht als Werbung definiert werden könnte. Auch hier ist die Rechtslage alles andere als klar und es kann dem Influencer nur geraten werden, sehr sorgfältig beim Setzen von Links vorzugehen.

## 4.6.2 Urheberrechte bei Fotos, Videos und Musik beachten

Eines der zentralen Gebiete des Medienrechts ist das Urheberrecht. Es ist sowohl bei der Erstellung eigener Inhalte als auch bei der Verwendung fremder Inhalte relevant. Beim Influencer Marketing betrifft es die Werkarten Texte, Fotos, Videos und Musik. Der Urheber dieser Medien kann anderen entweder erlauben oder verbieten, sein Werk zu kopieren, zu bearbeiten oder im Netz zu veröffentlichen. Die Erlaubnis erfolgt in der Regel gegen Vergütung oder andere Gegenleistungen, zum Beispiel die Namensnennung bei Fotografen. Ein Urheber kann aber auch ohne jede Bedingung sein Werk unentgeltlich zur Verfügung stellen. Im Zusammenhang mit diesen Werken wird oft auch vom „geistigen Eigentum" gesprochen, was eine gute Beschreibung des Urheberrechts ist.

Geregelt werden die Rechte im Urheberrechtsgesetz (UrhG). Zu den geschützten Werken gehören unter anderem nach § 2 UrhG:

- Sprachwerke
- Schriftwerke
- Werke der Musik
- Lichtbildwerke also Fotos
- Filmwerke also auch Videos

Diese Werke im Sinne des Gesetzes sind persönlich geistige Schöpfungen (§ 2 Abs. 2 UrhG). Damit der Schutz gewährleistet wird gibt es drei Voraussetzungen:

1. Es muss sich um eine persönliche Schöpfung handeln.
2. Das Werk muss eine wahrnehmbare Form haben.
3. Es muss ein hinreichendes Maß an Individualität vorliegen.

Die Beiträge von Influencer sind persönliche, kreative und individuelle Schöpfungen und unterliegen somit dem Urheberrechtsschutz. Es ergibt sich ein Anspruch darauf, als Urheber genannt zu werden und die Nutzung von Dritten selbst zu bestimmen. Das bedeutet umgekehrt, dass nach § 15 UrhG die Werke anderer Urheber den gleichen Rechten unterliegen. Diese Erlaubnis wird mit einem Lizenzvertrag geregelt. Im Wesentlichen sprechen wir aber nicht von einem mehrseitigen Vertrag, sondern von einer Lizenzvereinbarung, die einen bestimmten Wortlaut enthalten sollte, damit die Nutzungsrechte eingeräumt sind.

> **Formulierungsbeispiel für einen Rechteumfang**
> Der Nutzer erhält vom Lizenzgeber das zeitlich und räumlich uneingeschränkte Recht am gelieferten Werk zur weltweiten Verwendung auf seinen Social-Media-Kanälen. Es schließt auch das Recht zur Bearbeitung oder Umgestaltung mit ein. Das Recht kann auch auf Dritte uneingeschränkt übertragen werden.

Im Grunde ist jedes Foto, das im Internet kursiert, urheberrechtlich geschützt und steht nicht frei zur Verfügung, nur, weil das Internet für jedermann zugänglich ist. Wie schon eingangs beschrieben gelten hier die gleichen Rechte, also Online ist gleich Offline. Bei der Zustimmung zur Nutzung muss explizit der Rechteumfang für die sozialen Medien eingeholt werden. Denn die Internetplattformen sichern sich in ihren Allgemeinen Geschäftsbedingungen (AGB) die Nutzungsrechte an einmal hochgeladenen Inhalten zu.

**Praktische Nutzung von Fotos und Videos**
Die meisten Beiträge auf Social-Media-Plattformen werden mittels Fotos oder Videos erstellt, daher möchten wir an der Stelle die Verwendung dieser Werkarten nochmal genauer betrachten. Wer sich nicht mit Urheberrechten und Lizenzen auseinandersetzen möchte, der sollte seine Medien selber produzieren. Grundsätzlich ist der Inhalt eines Fotos oder Videos zwar schöpferisch völlig frei, sollte sich aber innerhalb der Grenzen des geltenden Rechts bewegen, also weder anstößig sein, noch die Intimsphäre oder den persönlichen Lebensbereich eines Menschen verletzen. In dem Moment wo eine Person abgebildet wird, muss diese mit der Verwendung einverstanden sein. Wenn kein Einverständnis vorliegt und der Influencer möchte das Werk trotzdem verwenden, dann immer darauf achten, dass entweder keine Personen im Bild sind oder die Gesichter verpixelt werden. Anders ist es bei der

Anfertigung von Fotos oder Videos in der Öffentlichkeit, denn hier gilt die sogenannte „Panoramafreiheit". Der Gesetzgeber erlaubt nach § 59 UrhG „Werke, die sich bleibend an öffentlichen Wegen, Straßen oder Plätzen befinden, mit Mitteln der Malerei oder Graphik, durch Lichtbild oder durch Film zu vervielfältigen, zu verbreiten und öffentlich wiederzugeben." Dies gilt auch, wenn beispielsweise ein Gebäude fotografiert wird auf dem das McDonalds Logo zu sehen ist. Da hier das Ablichten kein Eingriff in den Geschäftsbetrieb ist, wäre der Fotograf nicht angreifbar. Allerdings könnte das Unternehmen McDonalds die Verwendung untersagen, wenn das Logo auf dem Gebäude sehr prominent im Bild ist, da dann eine markenmäßige Nutzung vorliegen könnte. Und wenn Menschen vor dem Gebäude stehen, dann wird es knifflig, denn abgebildete Personen können anders als oben beschrieben auch nur eine „Nebensache im Bild" sein, dann könnte eventuell über eine Genehmigung hinweggesehen werden nach § 23 Abs. 1 Nr. 2 KunstUrhG (Gesetz betreffend das Urheberrecht an Werken der bildenden Kunst und der Photographie).

Der Teufel steckt im Detail, es ist insgesamt eine schwierige Abwägung was und wie verwendet werden darf und sollte sorgfältig vorher geprüft werden. Im Übrigen kann eine Zustimmung zur Verwendung von Aufnahmen auch mündlich erfolgen. Im Streitfall muss das dann aber bewiesen werden. Wer also auf Nummer sichergehen will, der lässt es sich schriftlich bestätigen.

> **Beim Verwenden und Anfertigen von Fotos und Videos unbedingt beachten**
> 
> - Fast jedes Foto ist urheberrechtlich geschützt und darf nicht einfach verwendet werden. Irgendjemandem gehören die Rechte dafür.
> - Daher keine Veröffentlichung von Fotos ohne das der Fotograf und die abgebildete Person in die konkrete Nutzung eingewilligt haben.
> - Der Fotograf muss genannt werden.
> - Vor der Nutzung nachfragen!
> - Wie lange darf das Foto verwendet werden?
> - Wofür ist die Nutzung erlaubt? Auch für soziale Netzwerke nachfragen!
> - Muss der Fotograf genannt werden?
> - Wenn ja, wer ist der Fotograf?

Wenn alle Fragen geklärt sind, dann ist der Nutzer im Grunde auf der sicheren Seite. Auch wenn das Foto oder Video beispielsweise über eine Agentur angekauft wird. Denn im Falle einer Abmahnung wäre die Agentur verpflichtet, die Kosten dafür zu übernehmen. In der Abmahnung würde der Rechteinhaber den Nutzer daraufhin weisen, dass durch die Veröffentlichung seine Rechte verletzt worden sind und ihn auffordern, das Medium nicht mehr zu verwenden, sprich es im Zweifel auch in einem Beitrag zu löschen. Wenn eine Abmahnung dieser Art kommt, dann immer einen Rechtsanwalt einschalten. Vorsicht ist im Übrigen auch bei der Verwendung von Fotos für Beiträge geboten, die im Zusammenhang mit einer Unternehmenskooperation stehen. Oftmals wird missverstanden, dass das Bildmaterial vom Unternehmen nicht zeitlich unbegrenzt verwendet werden darf.

**Vorsicht bei Nutzung von Musik**
Für die Nutzung von Musik in Beiträgen braucht man ebenfalls eine Genehmigung vom Rechteinhaber, sowohl vom Komponisten des Songs, ggf. dem Textschreiber und dem Interpreten. Zur Erleichterung bietet beispielsweise Facebook eine Sound Collection mit rund 9000 Songs an. Diese Musikstücke dürfen beliebig oft und vor allem auch zu Werbezwecken verwendet werden. Auch Instagram hält eine Musikdatenbank vor, die eine derartige Nutzung ermöglicht. Gegen geringe Lizenzgebühren oder gar kostenlos gibt es aber auch die Möglichkeit, rechtefreie Musik auf zahlreichen Plattformen im Internet zu erwerben. Vorsicht ist geboten, wer meint, die Musik im Hintergrund eines Beitrages abzuspielen, denn das kann je nach Verwendung ebenso zu Problemen führen. Und auch bei der Verwendung von Musik ist verantwortliches Handeln bei Kooperationen mit einem Unternehmen angesagt.

### 4.6.3 Impressumspflicht

Jeder, der eine Webseite oder Social-Media-Kanäle wie Facebook oder Instagram betreibt, hat eine Impressumspflicht. Der Nutzer dieser Seiten muss über die Identität des Betreibers informiert werden, es ist wie eine Art von Visitenkarte zu sehen. Die Impressumspflicht ergibt sich aus § 5 Telemediengesetz (TMG). Wenn der Online-Auftritt geschäftlichen Zwecken dient, ist es ohnehin verpflichtend. Wird auf privat genutzten Seiten Werbung geschaltet oder in irgendeiner Form Geld verdient, kann auch dies eine Impressumspflicht begründen. Für Influencer gilt auch eine Impressumspflicht, wenn eine Kooperation mit einem Unternehmen eingegangen worden ist, aus der wirtschaftliche Vorteile gewährt werden.

> **Mindestanforderungen an ein Impressum**
>
> - den Namen (bei natürlichen Personen sind es Vor- und Nachname. Bei Unternehmen, also den sogenannten juristischen Personen, der Unternehmensname sowie Name und Vorname des Vertretungsberechtigten),
> - bei juristischen Personen außerdem die Rechtsform,
> - die Anschrift (Straße, Hausnummer, Postleitzahl und Ort. Nicht ausreichend ist ein Postfach!),
> - einen Kontakt, unter dem Sie die Person oder das Unternehmen schnell erreichen können – elektronisch als auch nicht elektronisch. In der Regel sind das E-Mail-Adresse und Telefonnummer,
> - soweit vorhanden, die Umsatzsteuer- oder Wirtschaftssteuer-Identifikationsnummer,
> - ebenfalls, soweit vorhanden, das Handels-, Vereins-, Partnerschafts- oder Genossenschaftsregister mit Registernummer.

Das Impressum muss zudem leicht erreichbar sein, das heißt durch wenige Klicks sollten die Informationen auffindbar sein. Zu empfehlen ist daher ein eigener Link auf der Internetseite, der eine Weiterleitung zum Impressum ermöglicht.

### 4.6.4 Datenschutz-Grundverordnung

Wer online aktiv ist sollte sich mit der Datenschutz-Grundverordnung auseinandersetzen. Ob Mode-Blogger oder Fitness-Influencer, ob stationärer Handel oder Online-Versandhaus, jeder der Daten seiner Nutzer sammelt, verpflichtet sich, mit diesen Daten sorgsam umzugehen. Die DSGVO ist eine von der Europäischen Union erlassene

Verordnung, die am 25. Mai 2018 als Datenschutz-Grundverordnung in Kraft getreten ist. Das Hauptziel besteht darin, den Bürgern in der EU mehr Kontrolle darüber zu geben, wie mit deren Daten umgegangen wird. Die Verordnung definiert den Schutz für alle Daten, die mit einer identifizierten oder identifizierbaren natürlichen Person zusammenhängen. Sie gilt für sämtliche Unternehmen mit Sitz in der Europäischen Union und für alle Unternehmen aus Drittstaaten, die Daten von EU-Bürgern verarbeiten. Die betreffenden Akteure werden also gezwungen, sich mit der Erhebung und Verwendung von Daten auf andere Weise zu befassen.

Was heißt das für Influencer? Die Datenschutz-Grundverordnung verpflichtet alle Influencer ein aktuelles Verzeichnis der Prozesse vorzuhalten, mit denen personenbezogene Daten verarbeitet werden. Ebenso muss ein Verzeichnis mit technischen und organisatorischen Maßnahmen vorgehalten werden, die dem Schutz der personenbezogenen Daten ergriffen worden sind. Es geht um Daten, die beispielsweise in Kontaktformularen versendet werden oder wenn der Influencer Cookie-Banner setzt. Auch dies geht nur mit ausdrücklicher Einwilligung des Nutzers, wenn dieser seine E-Mail-Adresse, Namen, Adressen oder IP-Adressen hinterlässt.

> **Wichtig**
> - Jeder, der online aktiv ist, sollt eine rechtlich einwandfreie Datenschutz-Seite auf dem Blog oder der Webseite haben.
> - Es gibt Anbieter im Internet, die eine solche Seite kostenfrei generieren.

## 4.6.5 Social Bots

Wer als Influencer erfolgreich von Unternehmen für Marketingaktivitäten engagiert werden möchte, der achtet darauf, eine möglichst große Reichweite zu haben. Eine hohe Anzahl an Follower ist dabei die Grundlage und die lässt durch Manipulation mit automatisierten Programmen herstellen. Hierbei handelt es sich um sogenannte Social Bots also bestimmte Software-Roboter und keine echten, menschlichen

Nutzer. Diese maschinell gesteuerten Accounts werden von Influencer eingesetzt, um in sozialen Netzwerken natürliche Personen zu simulieren, in dem sie automatisiert Beiträge kommentieren, liken oder retweeten. Mit diesem Vorgehen sollen im Gegenzug so echte, menschliche Nutzer als Follower gewonnen werden. Der Medienstaatsvertrag enthält nun auch Regelungen zu Bots in sozialen Netzwerken, um eine etwaige Kennzeichnung zu verpflichten. In § 18 Abs. 3 MStV ist der Umgang mit Social Bots wie folgt geregelt:

*„Anbieter von Telemedien in sozialen Netzwerken sind verpflichtet, bei mittels eines Computerprogramms automatisiert erstellten Inhalte oder Mitteilungen den Umstand der Automatisierung kenntlich zu machen, sofern das hierfür verwandte Nutzerkonto seinem äußeren Erscheinungsbild nach für die Nutzung durch natürliche Personen bereitgestellt wurde."*

Diese Kennzeichnungspflicht betrifft denjenigen, der einen Social Bot einsetzt. Zudem ist der Plattformbetreiber des sozialen Netzwerkes verantwortlich dafür, dass diese Kennzeichnung auch durchgeführt wird. Der Nutzer soll durch vorgetäuschte Stimmungsbilder oder simulierte Diskussionen nicht in seiner Meinung künstlich beeinflusst werden. Bei Verstößen gegen die Kennzeichnungspflicht können die Aufsichtsbehörden beispielsweise die Sperrung des Accounts anordnen. Allerdings ist der Einsatz von Social Bots schwer zu erkennen.

> **Ihr Transfer in die Praxis**
> - Beim Anfertigen von Beiträgen genau untersuchen, ob und welche Art von Werbung vorliegt.
> - Wenn Werbung, dann die Kennzeichnungspflicht beachten.
> - Der Leitfaden der Landesmedienanstalten ist eine gute Richtlinie.
> - Es gibt auch sonstige Rechtsgebiete und Vorschriften, die beim Influencer Marketing eine Rolle spielen.

# 5

# Was Unternehmen wissen müssen

> **Was Sie aus diesem Kapitel mitnehmen**
>
> - In diesem Kapitel erhalten sie einen Überblick über die aus Unternehmenssicht relevanten rechtlichen Schwerpunkte im Influencer Marketing.
> - Sie werden die wichtigsten Elemente eines Vertrages kennenlernen und erhalten Hinweise auf Fallstricke.

Nachdem wir uns im letzten Kapitel eingehend mit den rechtlichen Vorschriften und deren praktische Anwendung im Influencer Marketing befasst haben, widmen wir dieses Kapitel der Vertragsbeziehung zwischen Unternehmen und Influencer. Im Grunde gelten die Tipps und Hinweise natürlich für beide Seiten, der Einfachheit halber beschreiben wir die Sachverhalte aus Sicht der Unternehmen, die Influencer Marketing anstreben oder in Auftrag geben.

Influencer Marketing ist seit Jahren ein boomendes Geschäft für Influencer und ein wichtiges Marketingtool für Unternehmen. Durch neue Technologien wie künstliche Intelligenz ist die Messbarkeit von Werbeerfolgen und Aktivitäten nochmals deutlich erhöht worden. Was der Influencer wie und wo mit seinem Beitrag erreicht, kann nun deutlich besser zurückverfolgt werden. Diese Weiterentwicklung hilft den Unternehmen, ihre Kampagnen enger zu fassen, gerade im schnelllebigen Internetgeschäft.

Im Kern des Influencer Marketing setzt ein Unternehmen für Marketingzwecke gezielt reichweitenstarke Meinungsmacher ein. Der Influencer stellt hierzu sein Image zur Verfügung und die Unternehmen dürfen das nutzen. Die Beiträge werden von Influencer selbständig erstellt und sind sowohl inhaltlich als auch in der Aufmachung stark von deren Profil in den sozialen Netzwerken geprägt. So eine geschäftliche Verbindung kann für beide Seiten sehr gewinnbringend sein, obgleich es für die Unternehmen eine Art Kontrollverlust mit sich bringt. Die Marketingabteilung verantwortet eine Werbekampagne nicht nur organisatorisch, sondern auch konzeptionell. Die Botschaft der Influencer ist zwar klar besprochen, aber allein sie sind für die Umsetzung verantwortlich. Das bedeutet auch ein Umdenken und Loslassen in den Unternehmen. Was hier unterstützend sein kann sind klare Absprachen in Form von sauberen Verträgen. Im diesem Kapitel geben wir dazu einige Hinweise und klären über die Risiken auf.

## 5.1 Die Suche nach einem passenden Influencer

Wenn die Marketingabteilung die Werbekampagne für ein Produkt aufgesetzt hat und alle Parameter feststehen, macht sich das Unternehmen auf, den passenden Influencer zu finden. Dabei ist die Auswahl groß, da die Anzahl der Influencer jeden Tag wächst. Es stellt sich die Frage, ob ein reichweitenstarker Influencer besser ist als ein sehr bekannter Prominenter, der zwar eine große Fangemeinde hat, aber ist die auch kaufwillig? Mitunter haben diese Celebritys hohe Honorarforderungen und eventuell wäre ein Influencer mit weniger Follower aber großer Bekanntheit in einer bestimmten Nische besser. Der Influencer soll in erste Linie zum Produkt und Unternehmen passen, eine hohe Glaubwürdigkeit haben und in der Lage sein, die Follower-Zahlen des Unternehmens zu verbessern.

Die Möglichkeit der Zusammenarbeit reicht von einer Aktion bis hin zu exklusiven langfristigen Kooperationen, um die Bekanntheit einer Marke an sich zu steigern. Die größte Herausforderung für die Unternehmen ist dabei die Implementierung des Influencer Marketing in ihre Geschäftsprozesse. Für die Umsetzung sind neben den Kreativ-Abteilungen auch IT-Fachleute gefordert, um interessierte Internetkäufer auf die entsprechenden Webseiten und Online-Shops zu verweisen und das auf allen Endgeräten vom stationären Computer bis zum Smartphone.

**Die Agentur als Vermittler**
Wenn es im Unternehmen keine Kompetenzen für die Umsetzung von Influencer Marketing gibt, so wäre die Zusammenarbeit mit einer spezialisierten Agentur einen Gedanken wert. Sie stellt Kontakt zu passenden Influencer her und begleitet die komplette Umsetzung. Die Auswahl von Agenturen ist hier ebenfalls groß. Es gibt auch Influencer, die sich nur über eine Agentur vertreten lassen, ähnlich einer Künstlervermittlung. Der Unterschied ist neben einem weiteren Ansprechpartner, dass im Falle eines rechtlichen Verstoßes, die Agentur mitunter in Regress genommen werden kann.

## 5.2 Der Vertrag mit einem Influencer

Nachdem ein passender Influencer gefunden wurde sollte die Zusammenarbeit mit einem Vertrag besiegelt werden. Hier werden die Rahmenbedingungen und Konsequenzen festgelegt. Der Vertrag muss rechtssicher und transparent gestaltet sein, um im Vorfeld Konflikte zu vermeiden. Es gibt auch den umgekehrten Weg, dass der Influencer sich proaktiv an ein Unternehmen wendet und für eine Zusammenarbeit wirbt. Oder es werden von Unternehmerseite unaufgefordert Produkte an Influencer verschickt, mit der Bitte um eine positive Berichterstattung. Hat das früher als Gegenleistung noch ausgereicht, werden heute Influencer mit der Zusendung von Produkten überschwemmt. Allzu gerne wird dann oft auf eine schriftliche Fixierung einer Kooperation verzichtet. Durch die Professionalisierung im Influencer

Marketing und die Sensibilisierung durch Aufsichtsbehörden sollte das aber nicht in Erwägung gezogen werden.

> **Checkliste als Vorab-Überlegung für Unternehmen**
> - In den Vertag gehören sämtliche Rechte und Pflichten für alle Beteiligten
> - Welche Art der Vergütung, also Geld- oder Sachleistung ist vorgesehen
> - Wie gestalten sich die Rechtsfolgen bei Vertragsverletzung
> - Es sollten eventuelle Urheber- und Nutzungsrechte geregelt werden
> - Die wichtige Kennzeichnungspflicht für werbliche Beiträge muss erwähnt werden
> - Auch die finanzielle Verantwortung bei Rechtsverstößen mitdiskutieren
> - Bei rechtlichen Konsequenzen den Imageschaden für das Unternehmen bedenken
> - Auch Regelungen zu Fake-Reichweite und Social Bots benennen
> - Soll der Influencer exklusiv, längerfristig oder einmalig tätig werden
> - Die Fixierung des Vertrages sollte immer schriftlich erfolgen

Ein fix abgeschlossener Vertrag bringt für beide Seiten Rechtssicherheit und das Risiko von Verstößen gegen geltendes Recht lässt sich minimieren. Die wesentlichen Bestandteile der Zusammenarbeit reichen von der Beschreibung des Tätigkeits- und Lieferumfangs auf Seiten des Influencer über die Einräumung von Nutzungs- und Verwertungsrechten bis hin zur Vergütung. Festgelegt wird auch, ob die Produkte dem Influencer kostenlos überlassen werden und welche Pflichten er im Hinblick auf sorgsamen Umgang mit zum Teil hochwertigen Produkten hat. Geregelt wird nicht nur in welchem Rahmen er diese präsentiert und benutzt, sondern wie und was gesagt wird, damit es zum Produkt und dem Unternehmen passt. Und letztendlich die immer wieder beschworene Einhaltung der Werberegelungen und Hinweispflichten sollten Gegenstand der Verhandlung sein.

### 5.2.1 Elemente der Vertragsgestaltung

Im Prinzip sind die Influencer einerseits verpflichtet im Rahmen einer Werbekampagne die vereinbarten Tätigkeiten auszuführen und im

Gegenzug verpflichten sich die Unternehmen das vereinbarte Honorar zu zahlen. Oder anders gesagt: Die Influencer stellen ihre Reichweite bereit, um den Unternehmen ein zielgruppenorientiertes Marketing zu ermöglichen und veröffentlichen Beiträge auf ihren Social-Media-Kanälen mit den zu bewerbenden Produkten. Je nach Umfang des Influencer-Marketing-Projektes sollen die Kooperationsvereinbarungen mit den Influencer die im nachfolgenden Abschnitt besprochenen Bestandteile enthalten. Dabei gilt: Je mehr Details vereinbart werden, desto eher werden etwaige Konflikte umgangen.

**Vertragsgegenstand und Laufzeit**
Hier wird die Grundlage der Kooperation festgelegt. Neben einer Beschreibung des genauen Tätigkeits- und Leistungsumfang soll definiert werden, wie das Unternehmen sich den Beitrag inhaltlich und in der Aufmachung vorstellt. Das geschieht in enger Absprache oder auch einem gemeinsamen Brainstorming mit dem Influencer. Gegenstand des Vertrages ist an der Stelle auch die Bereitstellung der zu bewerbenden Produkte und ob es eine Rückgabepflicht nach Erstellung des Beitrages gibt. Beschrieben wird auch die konkrete Benennung der sozialen Netzwerke und Kanäle, wo der Influencer veröffentlichen soll.

Darüber hinaus wird auch die Laufzeit geregelt, also wie oft läuft der Beitrag und wie viele seiner Art erscheinen und wie lange gilt die Kooperation überhaupt. Hier wird auch aufgegriffen, in welcher Art und Weise das Produkt eingebunden wird, analog zur Absprache über den Inhalt und die Aufmachung. Es wäre ratsam, den Influencer in die Pflicht zu nehmen, seine Reichweite zu nutzen und diese auch zu erweitern.

**Exklusivität**
Im Vertrag sollte es auch eine Exklusivitätsvereinbarung geben. Hier verpflichtet sich der Influencer nur für das Produkt, das Markensegment oder gar das Unternehmen während der Dauer der Zusammenarbeit ausschließlich tätig zu sein. Festgelegt wird auch der Zeitraum in dem der Influencer nicht für Konkurrenzprodukte werben darf. Hier empfiehlt sich die Suche nach einem Influencer, der generell nicht ständig Werbung in seinen Beiträgen macht, denn das kann

die Werbewirkung verschlechtern. Für diese Rechte sollten explizite Zeiträume festgelegt werden, auch ob die Vereinbarung über die Zusammenarbeit hinaus für das gleiche Produktsegment gilt.

**Vergütung**
Die aktuelle und mögliche Reichweite des Influencers wird die Höhe der Vergütung bestimmen. Eine Vereinbarung des Honorars ist essentiell, denn ohne Leistung keine Gegenleistung. Dabei wird festgelegt wie die Entlohnung aussieht. Das reicht von einer monetären Vergütung über kostenfreie Produkte, wenn diese beispielsweise sehr hochwertig sind oder Rabatte, bis hin zu Einladungen für hochkarätige Events wie Modenschauen, Premieren oder Galas. Auch die Bezahlung von Reisen und Hotelübernachtungen ist üblich. Hier sind die Verhandlungen frei, wichtig ist nur, dass es genau benannt wird. Zwei Vergütungsmodelle sind besonders hervorzuheben. Zum einen gibt es eine Vergütung pro Post. Hier verlangen Profi-Influencer mit einer großen Reichweite und Popularität von dreistelligen Beträgen bis mehrere Tausend Euro für die Veröffentlichung nur eines einzigen Beitrages. Zum anderen wird nach Leadgenerierung vergütet. Dabei erhält der Influencer eine frei verhandelbare Provision, wenn über seine Aktivität ein Nutzer auf die Webseite des Unternehmens kommt oder es wird erst vergütet, wenn dieser neue Kunde kauft. Das kann auch über die bereits beschriebenen Affiliate-Links abgerechnet werden und ist vor allem für das Unternehmen eine gut messbare Größe des Erfolges von Influencer-Marketing-Kampagnen.

> **Tipp**
> Die Auszahlung der Provision sollte erst nach Ablauf der gesetzlichen Widerrufsfrist bei Fernabsatzgeschäften von mindestens 14 Tagen erfolgen. Sonst können etwaige Retouren zu Fehlberechnungen führen.

Wenn mit einer Sachleistung die Tätigkeit des Influencer entlohnt wird, dann gibt es auch hier verschiedene Möglichkeiten:

Nach zum Beispiel einem Test darf der Influencer das Produkt behalten oder die Dienstleistung kostenfrei in Anspruch nehmen. Eine andere Art der Entlohnung können die oben erwähnten Einladungen sein. Das Treffen eines Prominenten inklusive Selfie hilft dem Influencer seine Fangemeinde zu befriedigen und die Reichweite zu erhöhen. Für Modeblogger ist es essentiell vor den Pressevertretern die neueste Kollektion sehen zu dürfen und mit Fotos und Videos diese auf ihren Social-Media-Kanälen vorzuführen.

Darüber hinaus kann als Bezahlung auch die Herausgabe der bereits erwähnten hochkarätigen Geschenke sein.

**Rechteeinräumung**
Wie bereits in Abschn. 4.6.2 eingehend beschrieben sollten bei Aktivitäten im Influencer Marketing auf die Einhaltung der Rechtsvorschriften im Urheberrecht geachtet werden. Daher wird die Einräumung von Rechten in den Vertrag mit aufgenommen. In erster Linie geht es um Fotos, Videos und Texte. Wenn diese Medien vom Influencer selbst erstellt werden, sind zwar keine Rechte Dritter berührt, dennoch muss geregelt werden, ob diese nur im Rahmen der Zusammenarbeit genutzt werden oder ob die Rechte auf das Unternehmen übergehen und für deren Werbezwecke weiterverwendet werden dürfen.

---

**Checkliste für die Klärung etwaiger Rechte**

- Fast jedes Medium, ob Foto oder Video ist urheberrechtlich geschützt und darf nicht einfach verwendet werden. Wem gehören die Rechte daran?
- Vor der Nutzung die Rechteinhaber schriftlich anfragen!
- Keine Veröffentlichung ohne dass der Hersteller des Mediums und, ganz wichtig, auch eventuell abgebildete Personen in die konkrete Nutzung eingewilligt haben.
- Die Herkunft bei Verwendung des Mediums benennen.
- Klären, wie lange das Medium verwendet werden darf.
- Wo ist die Nutzung erlaubt? Vor allem auch für soziale Netzwerke anfragen.
- Achtung bei Verwendung von Musik! Denn neben dem Texter und Songschreiber ist auch der Interpret Rechteinhaber.

**Kennzeichnung**
Auf die rechtlichen Rahmenbedingungen hinsichtlich der Werbung in Beiträgen im Influencer Marketing sind wir bereits ausführlich eingegangen. Fakt ist, werbliche Elemente müssen vom restlichen Inhalt eindeutig getrennt werden und zwar optisch und akustisch. Der Nutzer des Beitrages muss die Kennzeichnung zweifelsfrei erkennen können. Mit der Einblendung des Begriff „Werbung" oder „Anzeige" ist der Influencer meist auf der sicheren Seite. In Abhängigkeit davon was im Vertragsgegenstand beschrieben ist schließt sich eine Kennzeichnungspflicht an oder nicht. Konkrete Anforderungen sollten demnach dem Influencer klar vorgegeben werden, um jedes rechtliche Risiko zu vermeiden anstatt wie beim Rossmann-Urteil aus dem 3. Kapitel erst nach einer Abmahnung und Anzeige des Verstoßes zu handeln.

---

**Checkliste für Kennzeichnung**

- Die Kennzeichnungspflicht betrifft alle Medien für jeden Social-Media-Kanal!
- Im Vertrag sollten die Art und Weise der Werbekennzeichnung geregelt werden.
- Festgelegt wird mitunter auch an welcher Stelle die Kennzeichnung erscheint, damit der Trennungsgrundsatz eingehalten wird.

---

Wenn die Hinweispflicht für Produktplatzierungen oder Sponsoring vereinbart sind, dann bleibt trotzdem ein Restrisiko für die Unternehmen, da die Umsetzung der Beiträge in der Hand des Influencer liegen. Daher sollte im Falle eines Verstoßes die Risikoverteilung geregelt werden. Wenn es zu Abmahnungen, Bußgeldern oder gar Schadenersatzansprüchen eines Mitbewerbers kommt, dann kann es schnell sehr teuer werden. Der Vertrag sollte also festlegen, dass der Influencer rechtskonform kennzeichnen muss. Ansonsten kann das Unternehmen in die Mithaftung genommen werden. Darüber hinaus sollte das Unternehmen die Einhaltung der Kennzeichnungspflicht bei den Beiträgen regelmäßig überprüfen.

**Haftungsregelungen**
Wenn der Influencer vertraglich verpflichtet ist rechtskonform die werblichen Elemente in den Beiträgen zu kennzeichnen, also die Werbung vom restlichen Inhalt deutlich zu trennen, kann es trotzdem zu einem Verstoß kommen. Voraussetzung für die Haftung eines Influencers ist aber, dass die Kennzeichnungspflicht schriftlich niedergelegt wurde. Sollte der Influencer vorsätzlich nicht gekennzeichnet haben, so könnte für diesen Fall vorsorglich eine Vertragsstrafe vereinbart werden. Überdies sollte die Einhaltung der Nutzungsbedingungen der sozialen Netzwerke, in denen der Influencer postet und etwaige Urheberrechte und Rechte Dritter vereinbart werden.

Die Unternehmen sollten auf jeden Fall die Haftungsfreistellung bei Verstößen im Vertrag verhandeln, ansonsten stehen sie gemeinsam in der Verantwortung. Dies kann nicht nur unangenehme juristische und teure Folgen haben, sondern führt mitunter zu einem Imageschaden in der Öffentlichkeit. Zu regeln sind im Vertrag auch die Übernahme der Kosten bei Abmahnungen oder eines gerichtlichen Verfahrens.

**Kündigung und weitere Vereinbarungen**
Verträge über Aktivitäten im Influencer Marketing werden eigentlich immer auf Zeit geschlossen. Sollte es dennoch vorkommen, dass sich Influencer und das Unternehmen überwerfen so muss im Vertrag eine Ausstiegsklausel enthalten sein. Das Recht zur außerordentlichen Kündigung aus wichtigem Grund besteht jedoch immer, wenn den Vertragspartnern nicht mehr zumutbar ist, am Vertrag festzuhalten.

Weiter werden eventuelle Geheimhaltungs- bzw. Verschwiegenheitspflichten zwischen Influencer und Unternehmen vereinbart sowie der Gerichtsstand festgelegt.

### 5.2.2 Sonstige Fallstricke in den Vertragsbeziehungen

In der Regel wird ein Vertrag zwischen einem Unternehmen und dem Influencer geschlossen. Sollte sich der Influencer von einer Agentur vertreten lassen, so besteht mitunter ein Vertragsverhältnis zwischen dem Unternehmen und der Agentur und ein weiteres zwischen Agentur und

Influencer. Diese Vertragsketten sind zu berücksichtigen, wenn beispielsweise ein Rechtsverstoß vorliegt und die Frage der Haftung aufkommt oder auch wenn es zu Leistungsstörungen kommt, sprich der Influencer nicht vertragsgemäß liefert oder sich an sonstige Absprachen nicht hält. Auch im Falle einer Abmahnung und entsprechender Rechtsfolgen sind die Verträge genau zu prüfen, wer die Verantwortung übernimmt.

Wenn absichtlich die Werbung in einem Posting nicht gekennzeichnet wird, um dieses als informativen Beitrag zu verschleiern, dann ist das ein Verstoß gegen das Wettbewerbsrecht, wie wir im 3. Kapitel bereits diskutiert haben. In diesem Fall wird nicht nur der Influencer rechtlich zur Verantwortung gezogen, sondern auch das auftraggebende Unternehmen. Der § 8 Abs. 2 UWG (Gesetz gegen den unlauteren Wettbewerb) sieht nämlich eine Zurechnung zum Unternehmen immer dann vor, wenn ein Beauftragter für das Unternehmen aufgrund eines vertraglichen oder anderen Verhältnisses tätig war. Dann ist nicht nur der Verstoß des Influencer gegen die Kennzeichnungspflicht als solche zurechenbar, sondern auch der Inhalt des entsprechenden Postings. Wenn also der Verbraucher mit dem Inhalt in die Irre geführt wird, kann auch das Unternehmen für die täuschenden Inhalte zur Verantwortung gezogen werden. Es ist also dringend zu raten im Vertrag nicht nur die Kennzeichnungspflicht zu vereinbaren, sondern auch die Haftung mit sämtlichen Folgen zu verhandeln.

> **Ihr Transfer in die Praxis**
>
> - Bei der Suche nach dem passenden Influencer darauf achten, dass es eine gemeinsame Basis gibt und die Ziel abgleichen.
> - Um eine Kooperation zwischen Influencer und Unternehmen rechtssicher zu gestalten, sollte auf jeden Fall ein Rechtsanwalt in Anspruch genommen werden.
> - Wichtig ist ein regelmäßiger Austausch über die Aktivitäten des Influencer und die Beachtung der werbe- und medienrechtlichen Vorgaben.
> - Auf jeden Fall sollte die Kennzeichnungspflicht im Vertrag vereinbart werden.

The manufacturer's authorised representative in the EU is Springer Nature Customer Service Centre GmbH, Europaplatz 3, 69115 Heidelberg, Germany. If you have any concerns regarding our products, please contact ProductSafety@springernature.com

Printed and bound by CPI Group (UK) Ltd, Croydon, CR0 4YY

23/03/2026

02076465-0001